イラストで見る
全活動・全行事の
中学校 **1**年

山口晃弘 編著

学級経営のすべて

東洋館
出版社

はじめに

　中学校の教師を志す数名の学生に「どんな担任の先生が印象に残っていますか」と、質問を投げかけてみました。すると、思いのほか話が弾み、最終的に「教わっている教科がきらいになってしまうぐらいの担任」というネガティブな教師像がまとまりました。

　浮かび上がったのは、次のようなイメージです。

求められない担任の先生

　冷静なのはいいが表情がなく、授業は平板で一方的、進路指導では失敗を前提に成績に見合った上級学校への志望変更を求め、先生自身は体が弱く病気を理由に休みがち、そもそも子供が嫌いで相談に乗ってくれなさそうな担任

　そっくりそうだ、というわけではないのですが、いくつかの条件が当てはまりそうな元同僚を思い出し、苦笑してしまいます。この反対をイメージすれば、求められる教師像が浮かび上がります。

求められる担任の先生

　いつも明るく、授業が上手で、未来を前向きに捉え、健康で元気、子供好きで、生徒の相談に乗ってくれそうな担任

　こういう先生なら、生徒の心を豊かにし、質の高い学力を定着させ、保護者からも信頼される存在になります。併せて、教師同士の人間関係や地域とのつながりを大切にすれば、学校にとってなくてはならない学校を元気にする人材となります。実際、なぜあんなに生徒が慕ってくるのかと不思議になるぐらいの信頼関係をしっかり築いている教師が、どの学校にも何人もいます。

　本書は、そういう魅力的な教師がどのような学級づくりをしているのか、学級経営を切り口として、具体的な事例を紹介しています。

　第1章では概論を示し、第2章では具体的に事例を示しています。お読みになって、そのいくつかの事例を実践すれば、学級が変わり始めます。すなわち、学級がよい方向に動き出します。

　本書は、読者の皆さまの学級経営の向上を支援するために、学級経営に情熱を傾け、都内の中学校の第一線でご活躍の方々から玉稿を賜ったものです。この場を借りて、心から御礼を申し上げます。

令和5年2月

編集代表　山口　晃弘

本書活用のポイント

　本書では、4月から3月まで毎月どのような学級経営を行っていけばよいか、各月の目標・注意事項を解説しています。また、学級経営の具体的なアイデアを、イラストをもとに、どのクラスでも運用できるような形で紹介しています。ぜひ、ご自身のクラスでも実践してみてください。

■本書の見方

月初め概論ページ

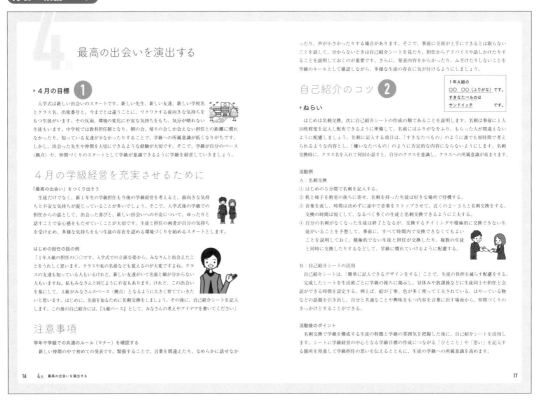

① 目標・注意事項

　その月の学級経営での目標、考え方、注意事項を紹介しています。月ごとに何をやるべきなのかを学年で共有する際、このページが参考になります。1年間というスパンで生徒・クラスの成長を捉える中で、月ごとにPDCAを回していきましょう。

② 月のねらいに合わせた実践例

　ここでは、その月のねらいを達成するための実践例を紹介しています。教師の言葉かけから、ゲームなど幅広い内容となっています。自身の学級経営にマンネリを感じてきたら、ぜひ、ここでのアイデアを実践してみてください。

1年間を見通した学級経営を!

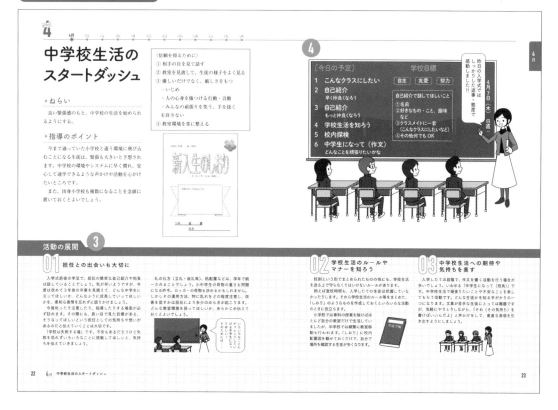

③ 活動の流れ

　紹介する活動について、そのねらいや流れ、指導上の留意点をイラストとともに記しています。その活動のねらいを教師がしっかりと理解することで、教師の言葉かけも変わってきます。この一連の活動で、その月の学級経営の充実を目指していきます。

④ 中心となる活動・場面など

　紹介する活動において、中心となる活動や場面などに焦点を当て、活動の大切なポイントを解説しています。その後のゴールのイメージをもつ際に役立ちます。学級経営では、生徒の発言を受け止める、つぶやきを大切にする、温かな言葉かけが大切です。

もくじ

第1学年における学級経営のポイント

1

第1学年における学級経営のポイント

1 学級経営の教科書はない

　学校では、主たる教材として検定済教科書を使った授業が展開されています。学習指導要領に基づいて作成された教科書があるので、教師は、あるいは生徒も、安心して授業に臨めます。ある意味、教科書は拠りどころになっています。

　しかし、学級経営に教科書は存在しません。そもそも、教科書を通して指導するものではありません。現実の教室では、思いがけないほど、いろいろな問題が発生します。発生する問題は教科書には書き表せないほど、様々なものがあり、さらにその対応にも様々な手立てがあります。

　学級は、心身の調和のとれた発達と個性の伸長を図るための基礎的な集団です。中学校の学習指導要領は、次のように示しています。

　「学習や生活の基盤として、教師と生徒との信頼関係及び生徒相互のよりよい人間関係を育てるため、日頃から学級経営の充実を図ること。また、主に集団の場面で必要な指導や援助を行うガイダンスと、個々の生徒の多様な実態を踏まえ、一人一人が抱える課題に個別に対応した指導を行うカウンセリングの双方により、生徒の発達を支援すること。（総則・第1章第4の1の（1））

　学級担任は、生徒の毎日の生活場面における彼らの言動・態度を主たる手がかりに指導を展開しています。そこでは、知識、理解、技能などの習得をするというよりは、むしろ生徒の個性を伸長し、社会性を育むなど、望ましい人間形成・人格形成を図ることが主なねらいとなります。実際の生活や体験による学習、すなわち「為すことによって、学ぶ」のが学級経営です。

　多様な活動に取り組む過程において、所属する学級集団自体の改善・向上を図る活動も行っています。多様な活動を通して、自他の個性を発見し、理解するとともに、それによって、自らのよさや可能性を伸長する自主的・実践的な態度を育成しようとしているのです。すなわち、学級経営では、生徒が社会的な自己実現を図るために必要な資質の育成を目指しています。

　また、学級経営は「望ましい集団活動」づくりを重視している教育活動でもあります。生徒が学級や生徒会などの様々な集団における実践的活動を通して、所期の目的を達成しようとする際に、

集団や社会の一員としての自覚を深めるなど、豊かな人間性、社会性を体得して自らの成長発達を目指しているのです。

2 まず信頼関係を築く

　学級は社会性を学ぶ営みであり、教師も生徒も同じ人間として基本的な生活習慣の上に立って結ぶ信頼関係を育むことがその前提にあります。それは、日常の生徒指導や普段の授業での学習活動でも、同じです。学級の目標や学級の規範を共通理解のもとに設定し、相互に協力し、望ましい人間関係を築き、充実した学校生活を実現するように仕向けます。その際、信頼関係がなければ良い方向には進みません。生徒の所属意識や連帯意識が信頼関係に基づいていることが基本なのです。それは生徒が互いに人格を尊重し合い、個人を集団に埋没させることなく、それぞれの個性を認め合い、伸長していく活動をしていくことを意味しています。

　ところで、集団活動を進めていく上で、最初に形づくるべき最も大切なことは何でしょうか。それは信頼関係です。信頼関係が基本です。言うまでもないですが、生徒同士の信頼関係や、学級担任と保護者との信頼関係、学校に関わる職員同士の信頼関係も重要です。それらの中でも、最も基本的なことは学級担任と生徒との間の信頼関係です。

　学級担任としてまず念頭に置くことは、生徒を認めることです。それには、まず、自然な会話です。「よりよい人間関係」は、突然できるものではありません。教師自身の日々の温かい言葉かけで始め、相互の会話や交流の中から関係を深めていきます。その際、学級担任の言動が、そして、教育活動として行っていることが、温かい人間関係をつくり上げるものにつながっているかどうかを考えながら、生徒に接します。その姿勢が生徒の信頼を得、人間関係を築いていくことにつながります。

　そもそも学校という仕組みは、教師と生徒を上下関係に価値付けがちです。「先生」という敬称がすでに上下関係を示しています。友達のような対等な関係は望ましくありませんが、かと言って上下関係だけではよい学級集団がつくれません。まず教師は、生徒と信頼できる温かい人間関係を互いに形づくるとともに、多様な生徒の個性を柔軟に受け止め、心を開くことができるように一人ひとりを認めることが求められます。

3 互いに認め合う

　学級は、学校生活を送る上で、また学習を行う上での基盤となる場です。一人ひとりがここにいると安心できる、向上しようとする意欲が引き出せるからです。そのために生徒の特性や発達課題を十分に捉えていなければ効果的に進めることはできません。ここに、生徒理解の必要性があります。

　現在、様々な環境で、それぞれその生徒なりの思いをもって生活しています。その中で、教師に対して許容しがたい態度が表れる場合もあります。そのようなときにどう接していくかを考えなければいけません。次のようなことが大切になります。

> ・生徒の気持ちを正面から丸ごと受け止め、心に寄り添いながら対話を続ける
> ・その生徒の小さな成長も見逃さず過程を大切にする

　このことはできるようでなかなかできないことです。教師は生徒に対し、どうしても指導をしようと考えたり、一方的に説論したりしがちです。生徒の話を傾聴することができないと、「先生は分かってくれない」という不満になります。自分の態度を振り返りながら、それぞれの生徒の気持ちに寄り添い、ふれあいを大切にしながら、日々を共に送る気持ちを忘れずにいたいものです。

4　計画と組織を生かす

　人間関係をつくることを生徒が学ぶことは、学校の大きな役割です。このことを実現する重要な場が学級であり、その意図的な活動としては例えば、班の活動や係・当番の活動、生徒会・委員会や学校行事などがあります。そのためには、

> 1年間、学級を動かしていく計画と組織が必要です

　4月。各学級でどのような学級をつくるかという目標を立て、学校全体や学年の動きに合わせた見通しがもてる学級の行事計画と、それに基づいて生徒一人ひとりが役割や責任を果たすような組織をつくります。具体的には、班の活動や係・当番の日常的な活動が重要となってくるのです。学級での活動が、自己の役割の意味とその責任を自覚させ、所属感、責任感、連帯感を抱かせることになります。その上で、役割分担の遂行による自己存在感を実感し、集団へ寄与したり、マナーやルールの大切さに気付いたり、多面的な人間関係形成能力を身に付けたりさせます。

　学校行事では、学級や学年、学校で取り組む中で、行事を充実させるために協力すること、目標に向かって努力すること、課題が起きてもみんなで解決してよりよいものをつくり上げていくことのすばらしさ等を学んでいきます。これらのことが、充実感や満足感につながり、自分自身への自信となり、人への信頼感をつくり上げていきます。指導を行わないことが、自主的であるとして関わらない教師もいなくはないでしょうが、うまく立ちいかなくなることがほとんどです。積極的に指導や援助を行うことが、温かい人間関係のある集団をつくることにつながり、ひいては教師との信頼関係を築いていきます。

　学級活動の良きリーダーとして生徒の状況を把握しながらリードしていく学級担任でありたいものです。

5　学級担任としての姿勢を見せる

　学校行事で生徒が「乗ってこない」ということは、よくあります。例えば、合唱コンクールの本

番1週間前の直前練習なのにやる気が見られないとか、パートごとの声がそろっていないとか、プログラムの準備が遅れてしまっている、とかです。そういうときこそ、学級担任自身が、学級を引っ張っていく存在になります。率先して、学校行事に取り組む姿勢を見せます。生徒を叱咤激励したり、時には一緒に声を合わせて歌ったり、しおりの印刷をする実行委員を手伝ったりします。任せられるところは生徒に任せ、無理そうなところは、学級担任として手を貸します。その上で、リーダーとなるべき生徒や担当している生徒の支援をしていきます。行事が成功するように、力を尽くすのです。

　担任をする学級でいじめが発生してしまうということも、よくあります。普段から「いじめは許さない」と指導し、生徒理解に心を砕いてきたとしても、それでもいつの間にか、いじめは発生してしまいます。そういうときも、学級担任の出番です。いじめの状況を的確に捉え、生徒の実態に応じ、加害側にも被害側にも心を寄せて解決を図ります。

　「問題を一人で抱え込まない」「共通理解のもと、組織で動くチーム学校」という標語があります。問題が発生したら、一人ではなく教師集団で対応するということは、実際の学校で行われており、正しいことです。しかし、

> 　学級で発生した個々の問題には、学級担任自身の「よりよい学級をつくりたい」という意欲が解決策の一つになります。

　マニュアル通りではうまくいかず事態が停滞してしまうようなことも、解決できることがあります。教師集団への共通理解を図り次第、学級担任として率先して動きます。本気で同情したり、本気で叱ったりすることが求められます。それには、生徒との信頼関係が大きく関わり、担任の教師の前向きな姿勢は、よい意味で生徒に伝染します。「担任の先生にクラス優勝をプレゼントしたい」とか「担任の先生には迷惑をかけたくない」と生徒たちが考えるようになれば「担任の先生の姿勢への同調」が主な要因で、問題が解決に至ることさえあります。そうなったときの背景には、普段から、惜しみなく生徒一人ひとりを思いやる献身的な姿勢が見え隠れします。

　しかし、それだけでは足りません。解決を図ろうとしている教師としての行動を、大人の自分として、高いところから客観的に学級全体の状況を捉えることも併せて必要です。というのは、行事には前向きになれない生徒——運動が苦手な生徒の運動会、音楽が苦手な生徒の合唱コンクール、病気やケガでそのときの行事に参加できない生徒、いじめ・いじめられとは無関係な当事者ではない生徒がいたり、そもそも不登校気味な生徒もいたりするからです。そういう生徒にどう声をかけるか、ということも含めて、生徒全員が前を向くことを考えてほしいのです。

⑥ 「中1ギャップ」とは

　中学校に進学した生徒に表れる心理的な適応の障害を「中1ギャップ」といいます。
　「中1ギャップ」の要因はいくつか想定できます。校種が変わったことによる授業の進行の速さ

や勉強の難易度の上昇、異なった小学校から集まった生徒間での人間関係の再編成、小学校ではそれほど意識しなくて済んでいた先輩後輩という上下関係の出現などです。特に、入学直後、初対面の生徒が同じ学年・同じ学級になり、新しく人間関係を結ぶため、今まで小学校で築いてきた友達関係がうまく生かせず、新しい友達をつくれなくなって学級や学年で孤立してしまうことがあります。その結果、不適応を感じた生徒が、学校生活に無気力や無関心になったり、不登校や引きこもりになったりすることがあります。また、不眠、疲労感、食欲不振になる場合もあります。

　一方で、「中１ギャップ」は人の成長を促すプラスの効果もあります。環境の変化を乗り越えるために、小学生の頃以上に努力を続け、その結果、飛躍的に学業成績が伸びたり、より広い豊かな人間関係を獲得したりする生徒は実際に大勢います。「中１ギャップ」を感じることがあっても、それが乗り越え得るハードルとして適切な高さになるように生徒自身や周囲が調整できることが望ましいのです。

　「中１ギャップ」は、必ずしも入学直後に発生するとは限りません。中学校での生活を続ける中で、徐々に顕在化する場合があります。学級担任として、大きな行事の直後、長期休業明けの９月や１月、生徒の発言や立ち居振る舞いをしっかり観察しましょう。教科担任をしている周囲の先生からの情報も集めておきます。あえて学級の生徒全員から生活アンケートをとって、その結果を丁寧に見取ることも必要です。欠席が続く生徒は要注意です。さらに必要であれば生徒自身や保護者と個別に相談をしたりしながら、学校生活の不適応に陥らないように配慮をしたいものです。

7　壁にぶつかるとき

　現実の学校では、分からないこと、心配なことが次々と湧いて出てきます。特に、思い通りの学級集団にならない、準備が間に合わず中途半端なまま行事の当日を迎えてしまう、最後までやり通す自信がもてないなどと、業務を遂行する上で、悩むことがあるでしょう。それは、誰もが体験することで、特別なことではありません。

　さて、そのような悩み事があるとき、次のどの行動をとるべきでしょうか?

---

　① 考え続ける
　② 身近な人に解決策を教えてもらう
　③ 一応自分なりの手立てを考え、それでどうか、と身近な人に相談する

　最良の答えは、もちろん③です。ところが、学校では、①や②に陥っている教員が少なくありません。それでも、②は、自分だけで考えて解決が見通せない①よりはいいかもしれません。③は、まず自分で考え、次に主任や先輩などに聞いてアドバイスをもらい、課題を解決しようという意欲のある優れた態度です。そこには、自分で考える自律性と、周囲の意見に耳を傾ける学ぶ姿勢と向上心があります。

　業務上、生じた悩み事は「たとえ不十分であっても自分なりの整理をして先輩や同僚に相談す

る」ことが大切です。事例次第ではありますが、必要であれば、校長に相談を持ちかけてもいいでしょう。

　長期的には「研究団体に属して日頃の授業実践を通して学び合う」「書籍を読んで、よいところを取り入れる」「外部の研修会や校内研究会に積極的に参加して吸収する」などという解決策が有効です。

　継続的に行っていけば、読者の皆さまの教師力は確実に高まっていきます。

8 まとめ

　青年前期の中学生は、独立、自律の要求や、進路の模索などで迷い悩んでいるのが普通です。人間としての生き方を考え、自己を生かす能力を養い、正しい価値観、判断力、主体性、責任感などを身に付けたいとは思い、そのあふれる気持ちの中で、中学生の心は揺れ動いています。

　その中で、自己理解に基づき自己実現を図る能力などの育成の場が学級です。

　学級担任は、基本的に、生徒のよりよく生きたいと願う気持ちを信じ、応えようとする気持ちをもつことが必要です。教育は教師と生徒の人間的なふれあいを基本にして行われます。教師自身が人間性を高める努力をすれば、生徒にもそれが伝わります。

　基本的に「性善説」が通るのが学校です。しかし、時には疑ってかかる場面も必要です。しつけや決まりの定着も大切なことです。

　このとき、教師からの一方的な指導だけでは、生徒の心に響く指導にはならないということを強く心に留めておきたいものです。

　そして、生徒が弱さゆえに道を間違っても、その弱さに共感しながら、また、正すべきことは正しながら人として進むべき方向を示し続け、成長を助けていきます。どの生徒も分け隔てなく大切にする温かい心の教師、正義感があり本気で指導をする教師を生徒は、求めています。

　最後にもう一言。ただし、正しい解決策は一つではありません。一度目はうまくいっても、二度目には失敗し挫折することもあります。こだわりに陥っていないか自分の実践を疑い、そのときの学校や生徒の実態に合わせ、解決策のバリエーションを増やしてほしいと願っています。

第1学年の学級経営

2

最高の出会いを演出する

▶ 4月の目標

　入学式は新しい出会いのスタートです。新しい先生、新しい友達、新しい学校名とクラス名、出席番号と、今までとは違うことに、ワクワクする前向きな気持ちをもつ生徒がいます。その反面、環境の変化に不安な気持ちをもち、気分が晴れない生徒もいます。中学校では教科担任制となり、朝の会、帰りの会しか会えない担任との距離に慣れなかったり、知っている友達が少なかったりすることで、学級への所属意識が低くなりがちです。しかし、出会った先生や仲間を大切にできるような経験が大切です。そこで、学級が自分のベース（拠点）や、仲間づくりのスタートとして学級が意識できるように学級を経営していきましょう。

4月の学級経営を充実させるために

「最高の出会い」をつくり出そう

　生徒だけでなく、新1年生の学級担任も今後の学級経営を考えると、前向きな気持ちと不安な気持ちが混じっていることが多いでしょう。そこで、入学式後の学級での担任からの話として、出会った喜びと、新しい出会いへの不安について、ゆったりと話すことで安心感をもたせていくことが大切です。生徒と担任の両者が自分の気持ちを受け止め、多様な気持ちをもつ生徒の存在を認める環境づくりを始めるスタートとします。

はじめの担任の話の例

「1年A組の担任の○○です。入学式での立派な姿から、みなさんと出会えたことをうれしく思います。クラスや私の名前なども覚えるのが大変ですよね。クラスの友達も知っている人もいるけれど、新しい友達がいて名前と顔が分からない人もいますね。私もみなさんと同じように不安もあります。けれど、この出会いを基にして、A組がみなさんのベース（拠点）となるように大きく育てていきたいと思います。はじめに、名前を知るために名刺交換をしましょう。その後に、自己紹介シートを記入します。この後の自己紹介には、『A組ベース』として、みなさんの考えやアイデアを書いてください」

注意事項

学年や学級での共通のルール（マナー）を確認する

　新しい仲間の中で初めての発表です。緊張することで、言葉を間違えたり、なめらかに話せなか

ったり、声が小さかったりする場合があります。そこで、事前に全員が上手にできるとは限らないことを話して、分からないときは自己紹介シートを見たり、担任からアドバイスや話しかけたりすることを説明しておくのが重要です。さらに、発表内容をからかったり、ふざけたりしないことを学級のルールとして確認しながら、多様な生徒の存在に気が付けるようにしましょう。

自己紹介のコツ

> **▶ねらい**

はじめは名刺交換、次に自己紹介シートの作成の順であることを説明します。名刺は事前に1人10枚程度を記入し配布できるように準備して、名前にはふりがなをふり、もらった人が間違えないように配慮しましょう。名刺に記入する項目は、「すきなたべもの」のように誰でも短時間で考えられるような内容とし、「嫌いなたべもの」のように否定的な内容にならないようにします。名刺交換時に、クラス名を入れて何回か話すと、自分のクラスを意識し、クラスへの所属意識が高まります。

> 1年A組の
> 〇〇 〇〇（ふりがな）です。
> すきなたべものは
> サンドイッチ　　　　です。

活動例

A：名刺交換

① はじめの5分間で名刺を記入する。

② 机と椅子を教室の後ろに寄せ、名刺を持った生徒は好きな場所で待機する。

③ 音楽を流し、時間は決めずに途中で音楽をストップさせて、近くの2～3人と名刺交換をする。交換の時間は短くして、なるべく多くの生徒と名刺交換できるように工夫する。

④ 自分の名刺がなくなった生徒は終了となるが、交換するタイミングや積極的に交換できない生徒がいることを予想して、事前に、すべて時間内で交換できなくてもよいことを説明しておく。積極的でない生徒と担任が交換したり、複数の生徒と同時に交換したりするなどして、学級に慣れていけるように配慮する。

B：自己紹介シートの活用

自己紹介シートは、「簡単に記入できるデザインをする」ことで、生徒の負担を減らす配慮をする。

完成したシートを生活班ごとに学級の後ろに掲示し、昼休みや放課後などに生徒同士や担任と会話ができる時間を設定する。例えば、絵が丁寧、色が多く使って工夫されている、はやっている物などの話題を引き出し、自分と共通なことや興味をもつ内容を言葉に出す場面から、仲間づくりのきっかけとすることができる。

活動後のポイント

名刺交換で学級を構成する生徒の特徴と学級の雰囲気を把握した後に、自己紹介シートを活用します。シートに学級経営の中心となる学級目標の作成につながる「ひとこと」や「思い」を記入する箇所を用意して学級担任の思いを伝えるとともに、生徒の学級への所属意識を高めます。

春休みまでに行う新年度準備

▶ ねらい

　今年度の学級経営に見通しをもち、計画的に準備を進め、ゆとりある新年度のスタートを切る。

▶ 指導のポイント

　新入生が入学してくると慌ただしい日々が待っています。特に4月は、生徒たちの人間関係や学級組織の構築、4月にならないと取り組めない校務などがあります。

　担任にとってはいきなり正念場となります。そのため、前年度や春休みの準備が非常に重要です。前年度に生徒の情報を集め、学級経営の見通しをもちましょう。春休みを利用して、教室整備、掲示など、できることは準備を進め、ゆとりある新年度のスタートを切りましょう。

▶ 小学校での聞き取りの様子

> 聞き取りのポイント
> ・氏名
> ・アレルギーの有無
> ・学習状況
> ・友人関係
> ・人間関係形成能力
> ・運動能力
> ・ピアノ経験の有無
> ・健康面の配慮　等

▶ 学級経営方針案イメージ

　　○○年度　1年○組　学級経営方針
1．学級経営目標
2．学級経営方針
　（1）学習指導
　（2）生活指導（いじめ防止を含む）
　（3）進路指導
　（4）道徳指導
　（5）特別支援教育
3．環境の点検と整備
4．保護者・地域との関係

前年度と春休みの準備

前年度の準備（3月）・出身小との連携

「生徒情報の聞き取りを行う」
　小学校の予定（進学先決定や卒業式など）に合わせ、2月下旬から3月上旬に行われます。
　健康面への配慮事項や人間関係形成能力などの情報を聞き取ります。

「学級編成を開始する」
　小学校からの情報を基に、学年会で学級編成が始まります。健康面、運動、ピアノ経験など様々な事項に配慮していきます。

02 春休みの準備①

「新学年会で学級編成を決定する」
　春休みの期間中には、新1年生の担任、副担任がそろう学年会があります。ここでは、配慮事項を踏まえた学級編成を検討して決定をします。

「学級経営方針案を考える」
　担任として「どのような学級をつくりたいか」を明確にすることが、学級経営の始まりです。学校経営方針、学年経営方針を踏まえて、学級経営方針案を作成しましょう。

　学級編成の情報、学年会や職員会議での資料を基に、「基礎学力の定着」（学習指導）、「思いやり、尊重」（生活指導）など、具体的に決めます。

学級のルールには次のようなものがあります。学年会で詳細を確認しておきましょう。

・朝の会の内容　・日直の仕事内容　・帰りの会の内容　・給食準備、片付けの方法
・給食のおかわりについて　・清掃のしかた　・各係の仕事内容　・ロッカーの使い方等

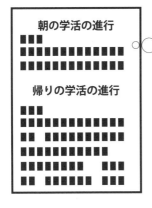

朝の会や帰りの会の流れはラミネートして出席簿に、日直の仕事内容はラミネートして日直日誌にはさんでおくといいでしょう

掲示物等の準備

教室の掲示物には以下のようなものがあります。

担任から配布されるが 掲示するもの	担任や学級で用意するもの
・学校だより　・学年だより ・月行事予定　・年間行事予定 ・給食の献立　・生活指導関係 ・学年目標　等	・学級通信　　　・学級目標 ・自己紹介カード　・班編成 ・委員会、係の一覧 ・清掃分担表　等

03 春休みの準備②

「学級のルールをつくり上げる」

　学級のルールは生活指導の大きな柱です。基本的な生活ルールを学年会で協議し、学年で統一することで学年全体の足並みがそろいます。

　入学式直後の学級には様々な生活ルールをもった生徒が集うため、トラブルが起きやすくなり学級が荒れる原因となります。春休みに、学校生活のルールや学級のルールが定着できるように準備に取り組みます。

　担任から学級経営の方針が伝わるよう、分かりやすい言葉を使ったスローガンの作成や掲示物の表示など、生徒への伝え方を考えてみましょう。

04 春休みの準備③

「掲示物の確認をしておく」

　新年度には共通の掲示物があります。また、学級で必要になる掲示物（班の組織一覧や清掃分担表等）の準備や作成も重要です。数多い掲示物を教室のどこに、どのように掲示するか掲示物のレイアウトを考えておきましょう。

　生徒の自己紹介や活動の記録を掲示する場合は、掲示用ホルダーの活用も有効です。最初に生徒数用意して教室に掲示しておくと、生徒の作成したものを画鋲で傷つけることなく掲示でき、年度末にまとめて返却することができます。

出会いを演出する入学式

▶ねらい

　新入生が安心して中学校生活をスタートし、充実した中学校生活をイメージできる。

▶指導のポイント

　新入生は期待と不安を胸に、緊張した状態で中学校へと入学します。入学するすべての生徒がこれから始まる中学校生活を成功させたいと思っています。

　よいスタートを切るには担任の事前の準備や当日の指導が重要になります。また、入学式は事前の聞き取りの情報を踏まえて、生徒の様子がよく分かる貴重な機会です。

　入学式を成功させて担任と生徒が最高のスタートを切れるように準備をしていきましょう。

● 最初の出会いで最高の出会いを演出する

目（視覚）から入る情報
→姿勢、視線、表情、身だしなみ

耳（聴覚）から入る情報
→挨拶、言葉遣い、声のトーン

▶黒板装飾の様子

準備の流れ

01 新入生を迎える環境を整える

　新入生が使用する教室を確認します。
・教室全体の環境
・机や椅子の様子
　以前使っていた生徒の情報が残っていないか。机の中、外、天板のいたずら書きや彫り込みなど。
・机と椅子にナンバーを貼る
・黒板装飾のポイント
　黒板には入学をお祝いする装飾や担任からのコメントを書き、入学を心待ちにしていたことを表現します。

02 最高の出会いを演出する

　身だしなみやふるまい、声のトーンによって新入生の担任への印象は大きく変わります。そのため、これらのことへ配慮することが非常に重要となります。最初の出会いを最高の出会いにするために、必要な視覚と聴覚の情報を考えてみましょう。
・目（視覚）から入る情報
　→姿勢、視線、表情、身だしなみ
・耳（聴覚）から入る情報
　→挨拶、言葉遣い、声のトーン

おはようございます

先生が来るまで、自分の席に座り、入学式のポイントを読んで待っていてください。

☆入退場の確認

【入場】　＊3年生の先輩の引率で、出席番号順で1列入場。
　　　　　間隔は2mくらい
　　　　＊座席は出席番号順（下の図の通り）

・座席の前に立ったままで待つ。
・先輩がプラカードをおろしたら着席する。

【退場】　・担任の合図で起立。
　　　　・座席の前に立ち、中央を向く。
　　　　・中央の前方から、退場。5→1、10→6、
　　　　　15→11、20→16、22→21

○呼名の確認
・呼ばれたらその場で起立。元気よく「はい」と大きな声で返事をする。
・座らないで待つ。
・全員が呼ばれたら、先生が「着席」と言います。

○起立・その他の号令の確認
「皆様ご起立をお願いします」
「新入生、起立、礼、着席」
「一同、礼」

Aさんはしっかり話を聞けている。しっかりした子なのかな

Bさんは落ち着かない様子。緊張しているか、不安があるのかなぁ。教室での様子を見てみよう

03 入学式当日の指導について

　当日は、新入生が登校してきてから入学式が始まるまでの時間で入学式の動きについて指導します。

　入退場の説明、呼名の確認、起立の場面や礼をする場面等の確認を行います。

　事前の準備がないと説明が複雑で大変です。流れをまとめたものを教室に掲示したり、新入生に配布したりして対応しましょう。

　流れの確認が済んだら、必ず1回は名前の読み方の確認も兼ねて呼名の練習を行います。

04 入学式中の動き

　入学式では、新入生の呼名が担任の大きな役割です。堂々と自信をもって行いましょう。

　呼名以外では、新入生の様子に気を配ります。入学式は生徒の様子から生徒の特徴をつかむチャンスです。ここで得た情報を翌日以降の、学級経営に活かしましょう。

　入学式が無事に終わったら生徒たちを認めてあげることも重要です。呼名の返事が大きい、しっかりと話を聞いている、いい姿勢で座っている、堂々と入場している等、できていたことを褒めてあげましょう。

中学校生活のスタートダッシュ

〈信頼を得るために〉

① 相手の目を見て話す

② 教室を見渡して、生徒の様子をよく見る

③ 優しいだけでなく、厳しさをもつ

　・いじめ

　・人の心身を傷つける行動・言動

　・みんなの頑張りを笑う、手を抜く

　を許さない

④ 教室環境を常に整える

▶ねらい

　良い緊張感のもと、中学校の生活を始められるようにする。

▶指導のポイント

　今まで通っていた小学校と違う環境に飛び込むことになる生徒は、緊張も大きいと予想されます。中学校の環境やシステムに早く慣れ、安心して通学できるような声かけや活動を心がけたいところです。

　また、出身小学校も複数になることを念頭に置いておくとよいでしょう。

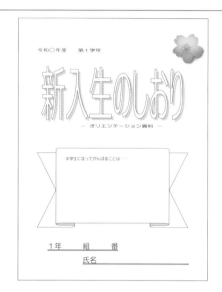

活動の展開

01 担任との出会いも大切に

　入学式前後の学活で、担任の簡単な自己紹介や抱負は話していることでしょう。気が早いようですが、今度は改めて3年後の卒業を見据えて、どんな中学生になってほしいか、どんなふうに成長していってほしいかを、柔和な表情を忘れずに語りかけましょう。

　今後叱ったり注意したり、指導したりする場面が必ず訪れます。その際にも、長い目で見た目標がある、そうなってほしいという担任としての気持ちや想いがあるのだと伝えていくことは大切です。

　「学校は失敗する場」です。不安もあるだろうけど失敗を恐れずいろいろなことに挑戦してほしいと、気持ちを伝えていきましょう。

　礼の仕方（立礼・座礼等）、机配置などは、学年で統一されることでしょう。小中学生の荷物の重さも問題になる昨今。ロッカーの荷物も決めるかもしれません。しかしその運用方法、特に乱れをどの程度注意し、改善を促すかは担任により多少のゆらぎが起こります。どんな教室環境を保ってほしいか、あらかじめ伝えておくとよいでしょう。

いろいろなことにチャレンジしていける中学生になってほしい！そのためには……

[今日の予定]

1 こんなクラスにしたい
2 自己紹介
早く仲良くなろう
3 自己紹介
もっと仲良くなろう
4 学校生活を知ろう
5 校内探検
6 中学生になって（作文）
どんなことを頑張りたいかな

学校目標

自主　友愛　努力

自己紹介で話してほしいこと
①名前
②好きなもの・こと、趣味
など
③クラスメイトに一言
（こんなクラスにしたいなど）
④その他何でもOK

昨日の入学式では
しっかりした返事・態度で
感動しました!!

4月7日（木）日直…

02 学校生活のルールや マナーを知ろう

　校則という形でまとめられたものの他にも、学校生活を送る上で守らなくてはいけないルールがあります。

　例えば登校時間も、入学したての生徒は把握していなかったりします。それら学校生活のルール等をまとめた、「しおり」のようなものを作成しておくといろいろな活動のときに役立ちます。

　小学校では専科の授業を除けばほとんど自分の教室だけで生活していましたが、中学校では頻繁に教室移動も行われます。「しおり」に校内配置図を載せておくだけで、自分で場所を確認する生徒が多くなります。

03 中学校生活への期待や 気持ちを表す

　入学したての段階で、作文を書く活動を行う場合が多いでしょう。いわゆる「中学生になって（抱負）」です。中学校生活で頑張りたいことや不安なことを表してもらう活動です。どんな生徒かを知る手がかりの一つになります。文章が苦手な生徒にとっては難題ですが、気軽にやりとりしながら、「それ（その気持ち）を書けばいいんだよ」と声かけをして、素直な表現を引き出すようにしましょう。

新生活に慣れる

▶ねらい

複数の小学校や地域から入学してきた生徒たちの相互理解を深め、よりよい学級集団の形成につなげたい。

▶指導のポイント

お互いについて知る、学校について知る、学校生活のリズムを知るというふうに、学校での生活に慣れるような取り組みをしていきます。

活動の中で担任が適切な声かけをしていくことで、生徒は担任に慣れ、担任は生徒との関わりを増やし、生徒理解につなげましょう。

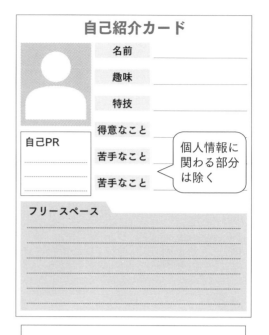

自己紹介カード

	名前
	趣味
	特技
自己PR	得意なこと
	苦手なこと
	苦手なこと

個人情報に関わる部分は除く

フリースペース

自好紹介

1年　A　組　1　番　氏名　○○　○○

好きな科目　国語
趣味　　　読書（ミステリが好きです）
　　　　　○○をよく読んでます
　　　　　YouTubeを見ること
　　　　　（○○をよく見てます）

活動の展開

01 自己紹介で初めての発表活動

初めての発表活動なので、多様な生徒がいることを考慮して、あらかじめからかったりしないように注意を促し、もしそれをしてしまった生徒がいたら、タイミングを見てそっと近づいて優しく指導するようにします。担任が見ていること、そういう姿勢や態度を見逃さないことが大切です。その行動が安心して登校できる雰囲気をつくり出すことでしょう。

自己紹介カードはどんなものでも構いません。好きな科目や苦手なことなど、項目を分けて書き込んだり、似顔絵を描いたりするものがよくあります。学校に蓄積されているものを使えばよいでしょう。好きなものを書いて紹介する「自好紹介」もよく使われます。同好の士を見つけることは、友達づくりの早道です。

1人1台端末の環境が整ってきています。自己紹介カードを投影、または生徒の端末に配信したり、スライドの形で作ったりすることも考えられます。生徒のスキルや学校の機材の環境によって検討するとよいでしょう。

小学校英語も始まっています。英語の授業とも連携し、英語で答えるコーナーなどを作ってもよいかもしれません。

自己紹介カードは担任も書いて掲示しておくのを忘れずに。

職員室への入り方など、何人かで実技練習をしてみてもよいでしょう。

司書の先生にお願いして、図書室の資料の使い方や貸出の仕方を説明してもらうと、利用しやすくなります。

保健室へ行く場合、休み時間ならクラスメイトに伝えたり、授業者の先生に伝えたりすることを説明しておくとよいです。関係の委員の生徒に申し出て、連れてきてもらうことも伝えておきましょう。

02 初めての校内探検

「しおり」に付けた校内配置図を見ながら、校内を巡回してみましょう。上級生の授業の様子を見たり、様々な特別教室や図書室等を見て回るだけでも緊張を新たにするものです。

クラスの人数が多い場合は、副担任の先生にお願いして半分ずつに分けて行うとよいでしょう。授業中の教室外活動なので、うるさくしないことなど十分指導することは当然ですが、朝の職員打ち合わせ等であらかじめ活動について知らせておくことも大切です。

03 図書室の活用法を司書さんから

中学校では、教科ごとに先生が変わり、学習のスピードも速くなっていきます。自分で調べるための図書室の役割が大きくなってきます。教職員である司書さんと連携して、図書室の使い方や図書分類の基本を教えてもらう時間を設けましょう。

読書習慣のある生徒はともかく、そうでない生徒は図書室への敷居が高いと思います。近年では、マンガを置いている学校図書室も多いので、マンガ目的でも活字に触れる機会を増やすとよいでしょう。

4月　5月　6月　7月　8月　9月　10月　11月　12月　1月　2月　3月

安全・安心で楽しい給食

ごはんは、しゃもじで人数分切っておく

▶ねらい

生徒の成長を支える給食を、安全で皆が満足できるように指導していく。

▶指導のポイント

給食は一人が摂取すべき量が計算されており、全員が同じ給食費を払っていることから、生徒は同じ量を食べることを基本としつつも、アレルギーや体調への個別の配慮も求められます。

お玉1杯♪

活動の展開

01 事前のアレルギー対応

まずは、担当クラスのアレルギーをもつ生徒を把握し、そのアレルギー食材への対策を、栄養士さんと献立表を基に確認しておきましょう（事前申告がない生徒にも注意しておく）。

事前に保護者と生徒本人と、代わりの食事を持参するのか除去食を用意してもらうのかを話しておく必要もあります。

また、本人にはくれぐれもアレルギー食材を口にすることがないように、おかわりや人からもらうことがないように伝えておきましょう。

おかわりだめだよ～！

02 給食準備

給食の時間になったら、先生は速やかに教室に行き、生徒の様子を観察するようにしましょう。

生徒に促す指導の主な手順は以下の通りです。
① 机上の片付けと手洗い・うがい。
② 給食当番へ給食着の着用とワゴンの搬入。
③ 盛り付けと配膳。※役割分担は、個数物ばかりなど偏りがないように！
☆盛り付けのポイント☆
一つの食缶からそれぞれに盛り付ける場合は、全員に同じ量を盛り付けるために、ごはん類は事前にしゃもじで人数分切っておき、汁類は「お玉1杯」と決めておくといいでしょう。

どれくらいだったら
食べられそう？

【盛り付け時】

食器を持つ手の方に食器を置くといい

これくらいなら完食できそうだ！

【片付け時】

汁物から片付けるようにします

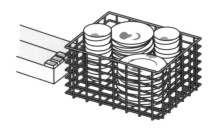

※食器に汁や具材が残っていたら、給食当番は
しゃもじなどできれいに取りましょう。

03 食事中

　準備ができたら各々が自分の給食がそろっているか
を確認してから、食事を始めます。
　生徒が落ち着いて食事ができるように、原則立ち歩
かないこととし、おかわりや量を減らす際のルールは
事前に決めておきましょう。
例）
・食べ始める前に、食べきれない分は減らす。
　※好き嫌いではなく、あくまで量が判断基準！
・量を減らす生徒が座ってからおかわりする。
　※完食してから、食べられる量だけにする。
・残食分を先生が先に配っていく。
・人にあげたり、もらったりはしない。
・好きなものばかりに偏らないようにする。

04 片付け

　給食当番は、給食準備が終わった後に、食缶を片付
けがしやすい位置に配置しておきます。
例）
牛乳→汁物→その他食材→箸・スプーン→食器→おぼん

　食事後は、給食当番が先に片付け、各配置につき、
班ごとに呼んでいきます。このとき、静かに待ってい
る班や全員が食べ終わっている班から呼んでいくよう
にするといいでしょう。
　先生は、片付けている生徒の様子を観察し、一人ひ
とりの残食の様子や食器を丁寧に扱っているかを確認
しましょう。

保護者の
信頼を得る

▶ねらい

クラスの様子の報告、保護者相互の自己紹介を経て、保護者間のつながりを深めるとともに、教育活動に理解を得る。

▶指導のポイント

保護者は我が子が「どんなクラスで過ごすのか」や「担任の先生はどんな先生なのか」など、生徒と同じように期待をもっています。「こんなクラスにしていく」という担任の熱意を学級経営案として伝え、保護者間の「つながり」をつくれるような会を提供します。

また、保護者には「中学生の保護者になった」という自覚をもってもらえるように促します。

▶まずは学年で内容確認を！

クラスの保護者にどんな話をするか考え、準備することはとても大事なことです。しかし、学年で話す内容をある程度は共有しておきましょう。自分のクラスだけが好き勝手なことをやりすぎてしまい、他クラスと温度差が出ると、保護者に不安を与えかねません。事前の学年会で打ち合わせをしたり、学年主任に相談したりして、万全の体制をとりましょう。

学活の様子を動画で流してみてはいかがでしょうか

今度の保護者会ではどんな内容を話しましょうか

オンラインでの保護者の参加もOKにしたらどうですか？

指導の留意点

01 保護者会に向けての準備①（内容）

保護者会をどんな内容にするか、まとめておきましょう。まずは自己紹介や学級経営で大切にしていること等、担任としての「思い」を笑顔で元気よく保護者に伝えます。保護者に"この先生なら任せられる！"と思ってもらえるように準備をしましょう。

また保護者会に向けて、事前に生徒から日常生活やこれからの目標などアンケートをとって、保護者にお伝えしていくと、いろいろな情報を得ることができて、有意義な時間となります。

02 保護者会に向けての準備②（掲示物）

普段なかなか学校に来られない保護者にとって、我が子の学校での様子を知るのに、生徒の作ったものや書いたものを見られることは非常にうれしいものです。そのために、学期当初に書いた目標や学級目標など見せられるように掲示物をしっかり準備しましょう。

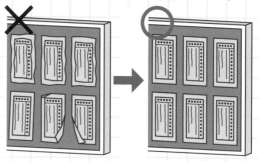

保護者会当日の実践例
◎会場図例

① コの字型

（相互の顔を見られる）

② 普段の座席順

（授業中の我が子と同じ目線で話を聞ける）

> 机には名札など
> 準備しておきま
> しょう

◎黒板の使い方

クラス保護者会次第
①クラスの様子
②なみき祭の取り組み
③学校生活や家庭生活アンケート
④情報共有

> 保護者会の次第を参加された
> 保護者の方が分かるように書
> いておきましょう。"自分も
> 話す場面があるのか"など、
> 心の準備ができると思います

> 学級経営案をプレゼンテー
> ションソフトを活用して映
> したり、生徒のアンケート
> の結果を載せたりすると効
> 果的です

◎保護者に話をしてもらうとき

　保護者はいきなり「お家での様子を話してください」と言われても、戸惑ってしまうものです。担任側で話してもらう内容を決めておきましょう。

「①自己紹介・②中学生になって変化したこと・③中学校生活で（保護者が）困っていること」など、時間を設定してお一人ずつ話してもらいましょう。ここで共有したことが、担任の今後の指導や保護者の子育てのヒントになるかもしれません。できるだけ時間をとるようにしましょう。

自己調整のスタート

5月

▶ 5月の目標

　4月は、中学校に慣れるための「初めての○○」が続き、あっという間の印象があります。5月の最初のゴールデンウイークで、やっとのんびりしたり、休養をとったりすることができます。毎日の生活では感じないことが気になったり、その生活を苦痛と感じたり、気持ちが落ち込んでしまう、緊張の糸が切れてしまう状態になりやすい時期です。4月の様子に理解を示しながら、5月は、自己調整に取り組むことを目標としましょう。

　仮入部から部活動も本格的に始まります。また、校外学習などの学年行事、生徒総会などの生徒会行事や運動会などの学校行事が始まり、個人とクラスから学年、学校へと同じ目標で活動する範囲が広がる時期になります。所属意識を育て、仲間づくりが自己の成長につながる場面を用意しましょう。

5月の学級経営を充実させるために

「ちょっと相談　なんでも話せます」自己調整へのアドバイス

　5月に「ミニ面談」を実施して担任と話をする時間を設定します。「生活リズムをつくる期間が今月」と捉えられるようにアドバイスを行います。「自分の状態を把握する大切さ」を意識することと、不調や不安の原因を言葉にしながら、具体的な目標を設定できるようにします。

学級や学年を超えての仲間づくり

　学級、学年、学校全体で、同じ目標に向かう仲間との活動から自己の変化の様子に気付かせることが大切です。例えば、部活動で上級生からのアドバイスを思い出せる場面を設定します。そのとき「上級生や他クラスの生徒に緊張している」ことを担任が認めた上で、上級生の気持ちを考える時間をもち、新しい出会いの意義を考えられるようにしましょう。また、仲間づくりが自己の成長の成果として実感できるようにします。

注意事項

焦らず、無理せずに、ゆっくりと

　すべての生徒が入学前にもっていた不安を解消できているわけではありません。この時期には、相談したいときに話せる人の存在に気付かせることが必要です。さらに、学級、学年と仲間づくりのチャンスをできる限り用意し、ゆっくりと安心して過ごせる場所を探せるように配慮します。

いつでも話せる、どんなことでも（ミニ面談）

▶ねらい

　学級担任は、朝の会、昼食、帰りの会で生徒の様子を把握できますが、生徒から見るとなかなか担任とは会えず、話したいことがあってもタイミングを逃しやすいです。そこで、「ミニ面談」を「昼休み」に実施しクラス全員と話をすることで、担任との距離を縮めることができます。

　昼休みは、授業の準備や事務連絡に追われることが多く、生徒も「校庭で遊びたい。友達と話をしたい」という思いから、面談に前向きに取り組むことが難しく感じます。そこで、「ミニ面談」は担任と生徒の話すきっかけづくりと考え、短時間で気軽にできる工夫をしましょう。

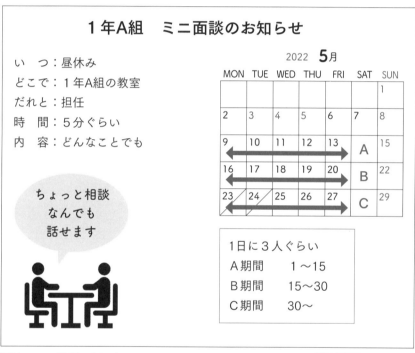

1年A組　ミニ面談のお知らせ

い　つ：昼休み
どこで：1年A組の教室
だれと：担任
時　間：5分ぐらい
内　容：どんなことでも

ちょっと相談
なんでも
話せます

2022 **5**月

MON	TUE	WED	THU	FRI	SAT	SUN
						1
2	3	4	5	6	7	8
9	10	11	12	13	A	15
16	17	18	19	20	B	22
23	24	25	26	27	C	29

1日に3人ぐらい
A期間　　1〜15
B期間　　15〜30
C期間　　30〜

活動例　（担任からの説明の場面）

　「『ミニ面談』を行います。

　みなさんの話や気持ちを聞かせてください。

　昼休みの5分、出席番号順に行います。

　そこでは、『気持ちカード』を示して話します。もっと話したい人は、放課後の予約ができます」

気持ちカード

活動後のポイント

　カードを使って、「今の気持ち」について、喜び、悲しみ、怒りの感情を意識する場面を設定します。担任は聞き役となり自分の気持ちに向き合えるようにします。修正や改善、新しいチャレンジから、自己調整を少しずつ始められるようにアドバイスをします。

生徒が進める
朝の会・帰りの会

▶ ねらい

生徒が学級における自分の役割について責任をもち、主体的に取り組む態度を育てる。

▶ 指導のポイント

毎日行われる朝の会・帰りの会は、流れや伝達事項を明確にすることで、生徒に運営を任せることが可能になります。

学級委員を司会とし、委員会や係活動の連絡や活動を通して気付いたこと、振り返りなどを共有するなどの活動が考えられます。

朝の会・帰りの会を生徒主体で運営する工夫①

朝の会・帰りの会の進め方は、学年のスタート時に、プリントやタブレットのファイル共有機能で周知します。

朝の会・帰りの会だけではなく、委員会や係、当番活動のやり方なども含め、オリエンテーション冊子にまとめてもよいでしょう。

活動の展開

 教師の役割—見えない準備—

生徒が主体的に会を運営するためには、教師による環境整備が必要となります。

例えば、生徒用の連絡用掲示板を設置し、その日や翌日の連絡を記入しておき、学級委員などの係の生徒がそれを書き写して、それをもとに会で連絡するなどが考えられます。そこには、時間割変更や提出物など伝達事項をまとめておきましょう。教師からは重要な伝達のみ補足します。

> ○月△日（□）
> ・避難訓練
> ・学級委員会　16:00-（視聴覚室）
> 時間割変更
> 　3校時　国語→英語

02 帰りの会は授業後すぐに始める

司会は、学級委員など生徒が行います。会の開始時と終了時は号令をかけましょう。

朝の会は、終了後すぐに授業が始まるため、短い時間の中で、その日に必要なことを伝え、1日を見通せるようにしましょう。週のはじめには、当番の確認を行っておくと、自分の役割を意識できます。

帰りの会については、各係から翌日の予定の伝達や振り返りの場とします。授業後すぐに始められるように、着席を促しましょう。ここでは、連絡だけではなく、生徒による1日の振り返りや教師が感じたことや思いを伝えます。行事前には簡単な話し合いなどをしてもよいでしょう。

朝の会・帰りの会を生徒主体で運営する工夫②

・台本例

> 朝の会・帰りの会の台本は両面印刷しラミネート加工を施して、紐を通して教卓付近にかけておくと、いつでも確認できます。

〈朝の会〉 ※学級タイム（朝読書）終了後、すぐに着席

司会　学級委員
1. **朝のあいさつ**
   （号令「おはようございます」）
2. **今日の予定**
   授業、行事予定、放課後の活動の予定（補佐や委員会活動など）、その他の伝達事項について連絡する
   「今日の予定は、1時間目○○……」
   「昼休みに、○△委員会は、集会室に集まってください」
3. **委員会・係・班長会などからの連絡**
   「委員会・係・班長会からの連絡はありませんか」
4. **先生の話**
   「先生からのお話です」
5. **終わりの号令**
   「これで朝の会を終わります。提出物がある人は、あいさつの後に出しに来てください」
   （号令「ありがとうございました」）

〈帰りの会〉 ※授業後、すぐに着席

司会　学級委員
1. **あいさつ**
   （号令「よろしくおねがいします」）
2. **明日の予定・提出物の確認**
   ・授業の予定については、教科係が「持ち物と宿題について」連絡する
   ・行事予定、放課後の活動の予定（補習や委員会活動など）
   ・その他の伝達事項については学級委員が連絡する
   ・提出物について伝達する
   「明日の授業の予定は、1時間目○○。○○係は連絡お願いします…」
   「明日は○△検定の申し込みがあります」
   「保護者会の出欠は明日までです。まだ出していない人は、忘れず持ってきましょう」
3. **委員会・係・班長会などからの連絡**
   「委員会・係・班長会からの連絡はありませんか」
4. **日直の1日の感想・反省**
   「日直は1日の感想・反省をお願いします」
4. **明日の日直の伝達**
   「明日の日直は、△□さんです」
5. **先生の話**
   「先生からのお話です」
6. **終わりの号令**
   「これで帰りの会を終わります」（号令「さようなら」）

03 学級委員の活躍の場

　朝の会・帰りの会を生徒による運営とする場合、学級委員を中心に進めるとよいでしょう。

　学級委員は、掲示板の確認や担任と打ち合わせをするなど、その日のスケジュールを確認します。確認した内容は、教室の掲示板に記入しておきます。

　また、それぞれの会の台本をあらかじめ用意しておくと、スムーズに会を進行することができます。

04 生徒の活動

　朝の会では、その日の提出物の回収についてなど連絡事項がある係のみ連絡します。

　帰りの会では、各教科係から翌日の予定や宿題について連絡し、全員に周知します。他に、委員会や係、日直などそれぞれの立場から、学級の向上につながる内容を伝えるとよいでしょう。

責任感を養う 係・委員会決め

◎係活動の例

係	活動
国語係	●授業の持ち物の連絡
社会係	●提出物の確認と声かけ
・	●授業の準備や片付けの補佐
・	など
・	
配布係	●配布物の配布
掲示係	●掲示物の掲示
ICT係	●授業で使うICTの準備や片付けの補佐
	など

その他、学年で相談して決める

▶ねらい

一人ひとりに役割をもたせ、学級・学校への帰属意識を高める。

▶指導のポイント

一人一役を担い、責任をもって活動させることを通して、集団の一員として学級や学校のために自分ができることを考えさせます。

さらに、「プラスアルファ」の意識をもたせ、互いにフォローし合える集団づくりを目指します。

明日の授業では宿題プリントの提出があります

活動の展開

01 係を決める

係には、主に各教科の持ち物等の連絡を担う係や配布物の配布などクラスのことを担う係があります。学級の人数によって設ける係や担当人数を調整する必要があるので、学年で確認しておきましょう。

生徒には、それぞれの係の役割を説明した上で、どの係を希望するか、事前に調査しておくと決定がスムーズです。事前の調査には、1人1台端末のアンケート機能などを使ってもよいでしょう。

理科係をやりたいな

02 委員会を決める

委員会は、各学級から数名ずつ選出されたメンバーで構成されます。快適な学校生活が送れるように、昼休みや放課後の時間を使って活動します。責任をもって取り組むことはもちろん、よりよい学校生活のために自分で考えて行動する姿勢が求められることを理解させましょう。立候補者には所信表明をさせ、クラスメイトからの推薦や承認を踏まえて決定することが望ましいです。

僕が学級委員になったらみんなにとって居心地のいいクラスにしていきたいです

来週は、図書室で
ビブリオバトルを開催するので、
ぜひ参加してください！

図書室でのイベントも大盛
況でした。図書委員として
よくやってくれていますよ

いつもしっかり連絡
してくれるおかげで
忘れ物が少ないね。
ありがとう！

次の授業の持ち物
を教えてください

手伝ってくれる人
がいて助かるね！

配布物たくさ
んあるね。半
分手伝うよ！

ありがとう！

03 係・委員会の活動を通して

　集団生活を円滑にするためには、みんなで役割を分担し、それぞれが自分の役割を全うすることが大切です。しかし、「自分の役割を果たしさえすればよい」という考えではうまくいきません。なぜなら、一人一役といっても、人によって早い・遅いの差が生まれたり、忘れてしまう人がいたりするからです。そこで、余裕のある生徒には「自分に手伝えることはないかな」と声をかけてみましょう。

　自分の役割プラスアルファの意識を育み、クラスの中で互いにフォローし合える関係を築いていくことが大切です。

04 まとめ

　責任をもって自分の役割を果たす生徒は、面談などで個別に褒めてあげましょう。また、ほかの人の役割まで手伝うなど自発的に行動する生徒は、学級全体で認めて励ましていくとよいです。そして、手伝ってもらった生徒や担任がお礼を言い、クラスの中で「ありがとう」が飛び交うように促しましょう。

　係・委員会の活動を通して、自分の役割を果たすやりがいを感じさせるとともに、個人が役割を果たすだけでなく、互いがフォローし合って組織が成り立っていることを体験させ、クラスに温かい雰囲気をつくっていきましょう。

主体的に取り組む生徒会活動

▶ ねらい

集団の一員として協力し、充実した学校生活に主体的に関わる能力を育成する。

▶ 指導のポイント

生徒全員が生徒会の会員であることを理解させ、「自分たちの学校生活をより充実・発展させる」ためにどんなことができるか、考えさせましょう。そのきっかけづくりとして生徒に企画・運営をさせ、達成感を味わわせることで次への活力へつなげるとともに、次の学年へつなげていきます。

指導の留意点

生徒会活動実践例
挨拶運動

実施までの流れ
① 生徒で企画書を作成する。
　　・目的　・実施期間　・実施方法など
② 生徒会担当から職員会議等で発案する
③ 中央委員会で企画の説明し、承認を得る
④ 朝礼などで各クラスに告知する
⑤ 実施し、次回の委員会で成果を検討する

気持ちのよい挨拶をして活気のある学校にしていこう！

▶ 生徒会活動とは

生徒会は一般的に、「生徒総会」「生徒会本部役員会」「中央委員会」「専門委員会」などの組織から成り立っています。

「専門委員会」では、各クラスから選出された代表生徒が月に1回程度集まり、学校生活が充実したものになるように、それぞれ専門性に合わせた企画や運営をしていきます。

担当の教師の指導の下、生徒会役員や各種の委員会の委員長等がリーダーシップを十分発揮して、話し合いの準備を進めます。各クラスにおける話し合い活動が重要な役割を担うことになります。専門委員会を通して、生徒に責任感をもたせるとともに、先輩後輩関係といった社会性を育ませましょう。そのためにも、生徒会活動と学級活動とを十分に関連させながら指導することが大切です。

◎専門委員会の例

委員会	活動例
代表委員会 （学級）	・学年集会の司会進行 ・学年行事の企画運営
保健委員会	・手洗い用石鹸の補充 ・健康や安全の情報発信
放送委員会	・昼の放送の番組づくり ・下校時の放送
図書委員会	・図書室の本の貸出 ・本に関する情報発信
給食委員会	・食に関するアンケート ・残量調査の実施
体育委員会	・運動用具の貸出 ・運動会の実行委員
美化委員会	・教室や廊下の整美 ・大掃除の指揮
生活委員会	・服装や生活のきまりの確認

※学校によっては名称や内容が異なる場合もあります。

担任の役割　実践例

　各月に行われた専門委員会の内容は、翌日の学活の時間を活用して、クラスの各専門委員から報告があります。そこで、クラスや学年・学校全体での課題・改善点や専門委員会で企画されたイベントの告知などが発表されます。担任はその内容を聞いて、改善点を指導したり、イベントなどには参加を促したり、一緒に参加したりできるといいでしょう。

① 専門委員会での活動の支援

給食委員がみんなに呼びかけていたからな！

給食委員会からです。昼休みの時間を確保するため、給食準備を早くしましょう

みんなに呼びかけをした甲斐があったな！

② 生徒会主催のイベントに生徒と一緒になって参加

明日はゴミ拾いのボランティア活動がありますからね。参加する人は遅れないように！先生も参加するから一緒に頑張ろう！

生徒会本部役員会からです。〇月〇日に地域のゴミ拾いのボランティアを募集します

車道に出ると危ないから、気を付けてね。歩行者もいるからまわりを見てね

頑張るぞー！

学校生活を充実させる部活動

▶ **ねらい**

部活動に入部し、活動に慣れるまでの支援をしつつ、生徒の頑張りを認める活動とする。

▶ **指導のポイント**

中学校での生活、授業に少しずつ慣れてくる5月には、部活動の活動も本格的に開始されます。

学級担任としては、学級の生徒の部活動加入の管理をするとともに、人間関係や体調面での変化を、注意深く見守るようにする必要があります。

〈学校教育における部活動の意義〉

部活動は、小学校からの大きな変化の一つであり、部活動を楽しみに中学校へ進学する生徒も多くいます。学校教育の一環として、自分の興味・関心のあるスポーツや文化、科学活動に自発的に取り組むものです。

また、学級を超えた、同級生や異学年の生徒との関係の中で、同じ目的や目標をもち、切磋琢磨することを通じて、良好な人間関係の築き方、上下関係、礼儀や社会性、協調性、組織を機能させることの重要性や方法、自らの技能や知識を高めるために大きな役割を果たしています。

活動の展開

 部活動加入まで

多くの学校で、4月中旬から大型連休頃までが仮入部期間で、5月初旬までには入部届が提出されます。

学級担任としては、三年間継続することができるか、部活動のルールに従うことができるか、その覚悟を確認するようにしましょう。

また、仮入部をしていない部活動へ入部しようとした際は、仮入部に参加してから入部をするように促しましょう。後で「思っていたものと違う」と言って早期に退部したり、トラブルに発展したりすることを予防することにもつながります。

02 学級担任として気を付ける視点

大型連休が明けると、部活動の活動も本格化してきます。活動時間も仮入部時より長くなり、まだ体力面で劣る1年生にとっては上級生以上に疲れも残ります。加えて5月は中間考査があったり、多くの学校では運動会に向けた練習が始まったりする時期であり、非常に多忙な期間でもあるので、生徒の体調の変化を注視する必要があります。

また、他学級や異学年の生徒、部活動の顧問、外部指導員等とのつながりもでき、これまでとは違った、新たな人間関係ができたりします。

そういった生徒の様々な変化に気付くことが必要な期間です。

〈活動に慣れるまで〉

クラブ名	活動時間	活動場所	指導者名	クラブ名	活動時間	活動場所	指導者名	備考
ラグビー				美 術	9/■■■■■■■■■■■■			
陸 上				吹奏楽	■■■■■■■■■■■■■■■			
サッカー				百人一首	■■■■■■■■■■■■■■			
水 泳	9/22（水）16:00〜 温度によっては■■			英 語	9/27（火）16〜17写真撮影あります			
野 球	9/22（水）■■■■■■■■■			文芸部	9月中に原稿完成めざしましょう			
テニス	■■■■■■■■■■■			科学部				
バレーボール女	■■■■■■■			STEP	9/26（月）■■■■■■■■			
バドミントン	■■■■■■■■■■■			生徒会	9/■■ 中央委員会			
バスケットボール	■■■■■■■■■■■■							
卓 球	■■■■■■■							

本 日 の 課 外 活 動 表　　　　月　日（　曜日）

> 部活動の連絡板。
> 多くの学校は、職員室付近に
> 設置され、部活動に関する
> 情報を得ることができます

　1年生の場合、部活動に関することも初めは担任の先生に聞いてきます。部活動については部活動の連絡板から、自ら情報を得るように促しましょう。

　部活動について学級内である程度のルールを確立しておく必要はあります。以下、部活動に関する学級内でのルールの例を載せます。

> 学級での全体の時間を優先する！
> ・帰りの会や清掃活動、係や委員会活動がすべて終わってから部活動の活動場所に行く
> ・連絡板を見に行く際は、授業の開始、教室移動に遅れないようにする
> ・給食の準備中や帰りの会の準備中、清掃中に連絡板を見に行かない

03 生徒を認める機会に

　部活動での生徒は、普段の学級での生活では見せないような一面を見せたりすることもあります。

　顧問の先生と情報共有をし、活動の様子を聞いたり、放課後の活動している様子を見たりして、それを生徒との会話の中で話題にし、頑張りを認める機会にしましょう。

04 まとめ

　学級内では部活動に限らず、外部のクラブチームや団体でスポーツや文化活動をする生徒も一定数います。そういった生徒に関しても、部活動に取り組む生徒と同様に、活動を気にかけ、声をかけることで、生徒と関係を築く一つの話題とします。

　また、近年は働き方改革の一環で、部活動を外部委託する動きが活発化しています。そういった情報に教員として関心をもちつつ、どんな状況においても、担任としては学級内とは違う生徒の頑張りを認める場として捉えるといいでしょう。

学習への取り組みを支える学級づくり

▶ 6月の目標

　1学期も折り返し地点です。中学校の生活に慣れた様子に学級担任としては一安心。生活のリズムはつくれているか、授業や家庭学習の取り組みは進んでいるか、個々の生徒の様子に目を配りたい時期です。学級の授業の様子はどうでしょうか。日頃から担任と教科担任とで授業の様子について情報交換をして、良い点だけでなく問題も早めに把握して教科担任と共に対応をします。

6月の学級経営を充実させるために

授業の様子1「発言が多い。いつも誰かが話している」

　「発言が多い」では、対話的な授業を進めやすいですが、「いつも誰かが話している」では、教師からの指示やポイントを聞き逃してしまい、知識・技能の習得が進まないことが多いです。しかし、生徒の行動観察から、授業のねらいや目的を捉えて自分で考えて友人に話したり、分からないことを質問したりすることがあります。そこで、帰りの会で今日の授業を振り返る時間を取り、「話を聞く場面」と「話をする場面」を基にして実態の見直しと改善策を立てます。

授業の様子2「静かに聞いている。発言が少ない」

　「静かに聞いている」は、授業は順調に進行しますが、発問への生徒の発言、話し合い活動の内容が単調となりがちです。「発言が少ない」ことは、授業の内容や課題についての理解不足や、学びへの動機づけが少なく、「学ぼう！」という気持ちがつくられていない状況があります。

　また、発言や意思表示をすることで、友人からの指摘が気になり、「安心して発言できない」学級の雰囲気を表しています。ここで担任が危機意識をもち緊急の学級委員と班長会を開き、発言できない原因について生徒から聞き取りを行います。さらに、教科担任からの授業の様子もつけ加えながら学年会で報告を行い、学年全体で原因を共有し改善のための対応をとることが重要です。

注意事項　プラスの視点からの行動を促す

　「講義型の授業は静かで進めやすい」は、「生徒は活動がなく集中しにくい」と捉え、「静かにしなさい」と行動を指摘するのではなく、「手を挙げて発言をする」などの授業規律を示していきます。さらに、気付きや別の考えを見つけた発言は多様な考えの存在に気付くチャンスとプラスの視点から先生が認め、個人の課題を学級全体の課題として取り組めるようにします。

個人の課題から学級全体の取り組みへ(アンケートの共有のコツ)

▶ねらい「アンケートの内容の共有から、話し合い活動を通して共通の課題として取り組む」

　生徒からの聞き取りの内容と教科担任からの情報を踏まえて、学級が「活発」または「静か」を見極めるためにアンケートを実施します。また、アンケートは生徒の考えや思いを表出できるようにし、生徒一人ひとりの様子を担任が把握できるようにします。

　アンケートの方法は、紙を使った回答とタブレット端末を利用した回答の2つがあります。タブレット端末を利用する場合、Teamsのアンケート機能、Google Forms、ロイロノートなどのアンケート機能を利用すると集計できます。また、グラフ機能を利用し大型モニターに表示を行うと回答状況がよく分かり、生徒が「自分たちの問題」として捉えやすくなります。どちらの方法でも、回答した生徒の名前や提出した順番など担任だけが見られるように設定し、個人の情報が守られるように配慮しましょう。

活動例　アンケートから現状を明らかにする

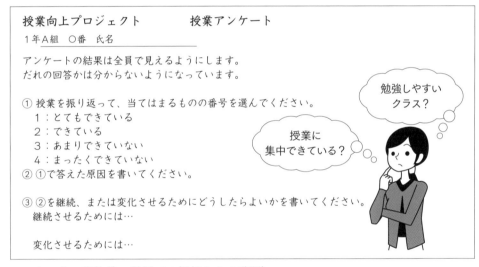

（例：アンケートの実施前・学活での担任からの発問）

　「学活では、みなさんの考えを話したり、活動をしたりすることが大切です。いつもの授業はどうですか。みなさんの考えをアンケートでまとめます。結果はテレビに映しますが、誰が答えたか分からないようになっています。みんなの考えを聞いてみましょう」

活動後のポイント「共有化から仲間意識や向上心を育てる」

　アンケートの結果が学級で示されたときの発言への対応は、仲間意識、向上心を育てるチャンス。自分の回答と友達の回答を比較して「そうだ」と認める発言は意識的に担任から認め、「誰？　おかしいよ」のように批判的な発言には、「いろいろな考えがあることが分かってよかったね」と一度認めて「みんなでできることは？」とプラスの視点を示し、向上心を育てるアドバイスをしましょう。

| 4月 | 5月 | **6月** | 7月 | 8月 | 9月 | 10月 | 11月 | 12月 | 1月 | 2月 | 3月 |

運動会に向けて

▶ ねらい

運動会の練習や様々な準備に取り組む姿を互いに認め合い、学級の団結力を高める。

▶ 指導のポイント

学級の優勝や行事の成功という共通の目標に向けて、一人ひとりが努力する姿を互いに認め合い、それを目に見える形にすることで、生徒の協調性や有用感を大きく育むことができます。

活動を始める前に生徒にねらいを伝えて、最大限の効果を引き出しましょう。

1年A組
みんなの良いところ！ カード
運動会編

●●さん の良いところ！

放課後に練習するとき、いつも積極的に道具を準備してくれます。

◆◆さん の良いところ！

クラスの旗づくりで、みんなの希望を取り入れながら、放課後もがんばって仕上げてくれています！

1年A組スローガン

みんなの心を一つに！ 絆のバトンをつなごう

活動の展開

01 ねらいの共有とすべての生徒への配慮

単に行事を楽しむだけでなく、「練習や準備を通じてお互いの良いところを見つけて、さらに良い学級になってほしい」という教師の強い想いを伝えましょう。学級としての明確な目標があると、生徒は気持ちを入れて活動しやすいです。実行委員を中心に、学級独自のスローガンを決めて教室内に掲示しておくと、生徒は目にするたびに気持ちを高められます。

また、運動が苦手、負傷による不参加、不登校など、運動会に対して消極的な生徒や不参加の生徒がいることもあります。それぞれの状況に配慮して声をかけ、活動から取り残されてしまう生徒が出ないように注意しましょう。

02 「みんなの良いところ！」カード

練習が始まったら、カードを1枚ずつ配布します。これには、ここまでの練習や係活動などで、友達が努力していた場面や他の人を助けていた場面などを書かせ、回収します。それだけではなく、カードの用紙は多めに印刷して、教室内に置いておくとよいでしょう。生徒の負担にならないように、記入する対象の人数は制限せず、毎週末に記入した分だけ回収します。

実行委員や特定の係など、記入の対象が一部の生徒に偏らないように、「班員は必須」「それ以外の人に対しては自由」のようにルールを決めておくとよいです。多くの人の良いところを見つけるように声をかけましょう。

私も協力して
早く並ぼう！

●●さんは
気がきくなぁ…
僕も手伝おう！

実行委員だから、
先に行ってみんなに
声をかけてくるよ！

リレーの練習で使うバトンを
持ってくるね

今日は■■さんを
活躍させよう

実行委員の生徒へのアドバイスや体育係の生徒への指示など、生徒が活躍する状況を教師がそれとなく設定することで、「みんなの良いところ！」カードに記入できる場面が増えていきます。教師の的確な支援がキーポイントです。

03　カードの掲示

　模造紙上部にタイトルを書き、その下にカードを貼り、教室内に掲示します。自身の活動を認めてもらえた生徒は自己有用感が向上しますし、学級や行事の成功のためにもっと貢献しようという気持ちが高まります。また、他の人のカードを見ることで、級友のよさを共有したり、新たな一面を知ったりすることもできます。

　なお、カードの作成・配布や掲示は、1人1台端末を活用したデジタル版でもよいです。教師・生徒ともに作業の時間を短縮したり、効率を上げたりできるのであれば、ICT機器を積極的に活用しましょう。

04　「寄せ書き＋カード」を学級通信に

　「運動会直前特別号」として、学級通信を発行します。生徒の寄せ書きに加えてカードのコピーを掲載し、生徒の気持ちを最大限に高めましょう。締めくくりは担任の先生からの熱いメッセージです。生徒の自主性も大切ですが、先生が心から「このような姿を見せてほしい」と伝えると、生徒はそれに応えようとするものです。最高の状態で本番を迎えさせましょう。

学級通信
優勝目指して
頑張ろう！

みんなの
良いところ

4月　5月　**6月**　7月　8月　9月　10月　11月　12月　1月　2月　3月

絆を深める運動会

▶ ねらい

　生徒同士の絆を深めるとともに、学級の団結力を高め、事後の学校生活を向上させる。

▶ 指導のポイント

　競技で全力を尽くしたり、級友に精一杯の声援を送ったりする姿は、見る人だけでなく生徒たちの間にも大きな感動を生みます。

　運動会当日は、1日というわずかな時間ですが、準備期間も合わせ、その経験によって生徒は精神的に大きく成長します。生徒一人ひとりへの温かい応援が重要です。

1年B組　学級通信

運動会　サンクスカード

★★さん　へ

実行委員として、いつもみんなのことを気にかけてくれて

ありがとう！

◆◆さん　へ

学級対抗リレーのときに、とても大きな声で応援してくれて

ありがとう！

●●さん　へ

転んでケガをしてしまったとき、「大丈夫？」と優しく声をかけてくれて

ありがとう！

活動の展開

01 みんなの想いを黒板に！

　当日の朝は、生徒と一緒に黒板を装飾しましょう。学級のスローガンを掲示したり、各自の想いを書かせたりして、生徒の気持ちを盛り上げます。当日の朝が忙しい場合は、前日の放課後に済ませておくとよいです。運動は苦手でも、板書のデザインやイラストで活躍できる生徒もいます。小さなことでも、いろいろな活躍の場を設けることを心がけましょう。

02 体調に注意して全力で応援しよう！

　中学校に入学して初めての運動会。種目に出場するだけでなく、係の役割などもあって、生徒はとても緊張しています。そんな生徒を勇気づけてくれるのは、何といっても友達や先生たちからの力強い応援です。準備期間から高めてきた団結力で、全力を尽くす仲間の背中を押させましょう。もちろん、担任の先生は「応援団長」です。誰よりも全力で応援しましょう。

　また、運動会は気温が高くなる時期での開催が多く、熱中症の心配があります。水分補給に加え、帽子の着用、日陰となるテントの設営やクーラーをつけた教室の準備、生徒席の巡回担当など、学校全体で対策を検討しましょう。

最後に記念写真を！

運動会終了直後に撮るクラス写真。感動の思い出が蘇ります。

03 生徒と一緒に 楽しい昼食時間を！

　昼食では、弁当や箸を忘れる、食事のグループに入れず一人になってしまうなどのトラブルが起こりがちです。また、午前中の疲労がたまって体調を崩す生徒が出ることもあります。昼食時間は必ず教室に入り、生徒と一緒に食事をしましょう。できれば全員で輪をつくって座り、午前の種目を振り返り、和やかな雰囲気を楽しみながら過ごせるとよいです。

　食後は実行委員を中心とした作戦タイムを設定します。午後の種目をどのように戦うのか相談させるとともに、優勝や一致団結などの学級で決めた目標に向かう、前向きな気持ちを再び高めます。

04 実行委員の言葉と サンクスカード

　帰りの会では、実行委員の生徒から振り返りの一言をスピーチさせて、みんなで盛大な拍手を送りましょう。一人ひとりが努力した結果、行事が成功したということを実感し、その努力を互いに認め合う姿勢が大切です。翌日以降の学活ではサンクスカードをつくり、模造紙に掲示したり、学級通信にまとめたりして共有します。行事で醸成したよい雰囲気を、事後の生活につなげましょう。

いじめ防止の
ための人権教育

▶ねらい

　学級担任が「いじめだけは絶対に許さない」と全身全霊で伝える授業を計画的に行う。

▶指導のポイント

　いじめ問題は、学年体制・学校体制で取り組むが、教室の人間関係に責任を負っている担任の役割は小さくありません。4月から見通しをもち、認め合い支え合う規律ある学級経営に取り組みましょう。年間を通し、人間性を磨き合う学級に成長させる取り組みが、いじめ防止につながります。

▶日常的な展開（毎日の指導）

人権尊重の精神に立つ学級づくり

　人権教育は日常的な指導と年間を通じた計画的な指導との両輪で展開する必要があります。人権教育の推進を図る上では、生徒が学校で多くの時間を過ごす学級が、人権が尊重され安心して過ごせる場とならなければなりません。学級担任は学校における人権教育の推進の核となり、日常的な取り組みをしていきましょう。

学校における人権教育の日常的な推進

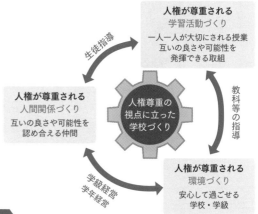

1年間の展開（年間を通じた指導）

01　4月（入学直後）：「いじめ」を頭で理解する

　生徒たちの中には、「いじめ」の理解が浅く、無感覚で人をいじめている場合があります。「いじめとは何か?」を正しく理解する授業を行いましょう。日常のよくある場面を取り上げ、「これはいじめだ」というものをチェックさせます。周囲と意見交換をすると、人によっていじめと捉える感じ方が異なることに気付きます。そして、自分の不用意な言動がいじめと捉えられる可能性があることを認識します。

> どれがいじめ？
> □ 掃除や給食当番など、自分のやるべきことを他の人にやらせる。
> □ 机をわざと離す。くっつけないようにする。
> □ SNSで悪口を投稿する。
> □ 授業でその人の発言を聞いて、顔を見合わせて笑う。
> □ その人の持ち物にわざと触らないようにする。
> … （考えられる具体的な場面を取り上げる）

02　5月～6月（1学期）：日常にある「いじめ」を捉える

　入学直後はどの生徒も「どのクラスメイトとも仲良くしたい」と思っていますが、学級で過ごす生活が1ヶ月もたつと、互いのことが見えてきて人間関係のゆがみが出始めます。いじめが起こりやすくなると言われる6月前に次のような道徳授業を実践しておくと、集団としての抑止力が働いたり、起きたとしても解決しやすいものになったりする場合があります。

【実践事例1】眉毛を下げている3人へ
　ねらい：いじめられているクラスメイトを傍観して見ている3人のイラストから感じたことを討論させ、いじめを黙って見ていることはいじめを容認していることと同じだと気付かせる。

【実践事例2】使ってはいけない言葉
　ねらい：言われて嫌だった言葉を集めて共有し、人が嫌がる言葉を日常で使わないように意識させる。

学級担任が日常的に行う人権的配慮　〜安心して過ごせる教育環境をつくるために〜

□生徒の名前を、敬称をつけて呼んでいますか？
□特定の生徒だけを、あだ名で呼んだりしていませんか？
□正しく、丁寧な言葉遣いをしていますか？
□生徒との会話が友達感覚になっていませんか？

□朝、生徒が教室に入る前に教室の点検をしていますか？
□黒板や机上の落書きを見落としていたり、放置していたりしていませんか？
□教室の教卓の上は整頓されていますか？配布するプリントや提出されたプリントが無造作に散らかっていませんか？

□兄弟や友達と比較したり、優劣を付けたりしていませんか？
□出身地や職業など、不用意に聞いたり話したりしていませんか？

□一人だけ机が離れている生徒はいませんか？
□目立たない生徒にも、積極的に声をかけようと意識していますか？
□休み時間に一人になっている生徒がいないかを見るように心がけていますか？
□給食や掃除の当番で、重たい食缶を運んだり、ゴミを捨てたりする大変な仕事を、いつも同じ生徒がしているようなことはありませんか？

□話がしやすい保護者であっても、発言に注意していますか？
□保護者との話が生徒の課題ばかりになっていませんか？
□生徒の問題行動を保護者の子育てが原因だと決めつけず、子育ての仕方を受け入れてから相談を始めていますか？

□生徒の会話の中で不適切な内容があったとき、時間をおかずにすぐその場で適切な指導をしていますか？
□生徒が物を誤って壊したとき、まずは生徒の安全を確認していますか？
□「そんなこともできないの」というような見下す発言をしていませんか？

□欠席していた生徒の作品が掲示されていないことはありませんか？
□生徒の作品を大切にしていますか？　掲示する前に誤字や内容を確認し、不用意に教員が書き込みをしたりしていませんか。
□職員室の机上は整理されていますか？　生徒から受け取った書類を煩雑に置いていませんか？

03　10月〜11月（2学期）：生徒たちの心に響く力のある授業を展開する

　道徳の資料には、いじめや思いやりについて深く考えられる力のあるものがあります。また、新聞やWeb上に芸能人からいじめに関する問題提議が発信されています。これらの資料からいじめの「具体」を取り上げて、現実の醜さを直視してじっくりと考えさせ、生徒の心に響き、心を打ち震わせる道徳授業を展開しましょう。大きな問題に発展していることが多いと言われる11月前に行うことが効果的です。

> 読み物資料（例）
> 　『わたしのいもうと』松谷みよ子
> 　『「葬式ごっこ」八年後の証言』豊田充
> 動画資料
> 　NHK for School「いじめをノックアウト」
> 　法務省「動画でいじめ・人権問題について考えてみよう」

04　1月〜2月（3学期）：自分と他の人の大切さを認め合う授業を展開する

　3学期にもなると、生徒同士の相互理解も進みます。自分と他人との違いを認識できているからこそ、違いを認め合うことの大切さを感じられる授業を展開しましょう。また、第1学年も学年末を迎え、精神的にも成長してきているこの時期に「人権」という用語を使って、自分たちが生きる上で欠かせない権利の大切さを考える授業も有効です。

> 人権教育に関する学習資料（例）
> 「人権教育に関する実践事例」文部科学省
> 「人権教育プログラム」東京都
> 「人権教育学習資料集　なかまとともに」奈良県
> 「人権学習ワークシート集」岡山県
> 「人権教育に関する教材及び学習指導案」大阪府
> ※各自治体で人権教育の資料が提案されています。

家庭学習の充実

▶ねらい

授業内容の定着と、家庭生活を計画的に過ごし、毎日の学習習慣を身に付ける。

▶指導のポイント

中学校は教科数も増え授業のスピードも上がり、授業内容も難しくなっていきます。そのため、適宜復習をしなければ身に付けることができません。

自主自律できるように、毎日授業を復習することが不可欠です。学習することが当たり前の生活を築き上げられるよう、家庭学習に取り組ませたいところです。

▶エビングハウスの忘却曲線

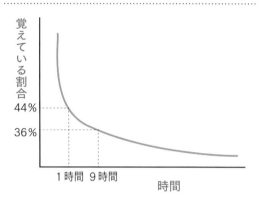

忘却曲線とは、ドイツ人のエビングハウス氏の実験から、人の記憶は20分後におよそ42%を忘れ、1時間後でおよそ56%、9時間後でおよそ64%を忘れ、その後少しゆるやかになり、6日後にはおよそ76%を忘れてしまうそうです。

完ぺきに覚えたつもりでも、その後復習をしなければ6日後には24%しか残っていないということになります。

しかし、学習し覚えたことを、忘れる前に繰り返し反復することで、忘れる確率は大幅に低くなることも証明されています。

活動の展開

01 毎日家庭学習ノートを提出させる

学習習慣を身に付けるときに一番大切なのは、「目標」をもって取り組むことです。宿題やテストは「目標」となるため、期日を意識して取り組める生徒も多くなります。ただし、どちらも「評価」を意識して取り組むことも多いです。そこで、毎日の家庭学習を班で集めたり、チェックをすることで日々の学習習慣をクラス全体で促すとともに、習慣化させる取り組みとして家庭学習ノートを作成し取り組ませます。

エビングハウスの忘却曲線も示し、その大切さを指導していきます。

02 家庭学習ノートのルール

① 大学ノート（上側に日付が入れられるもので、横線の入ったノート）に「家庭学習」と書き、専用のノートを作る。
② ルーズリーフ（ノート1枚だけなど）や各教科で使っているノートの提出は認めない。
③ 基本は1ページいっぱいに学習する。
④ 特に教科は指定しないが、授業の復習を全般的に行うのがよい。
⑤ やった日の日付を必ず書くこと。土日もぜひ家庭学習に取り組みたい。

今日もやってきて、えらい！

漢字やりました！

明日はその宿題もう一度ノートにやってごらん！

宿題で時間がとられてできませんでした

30人学級なら、5分もあれば、全員分の家庭学習ノートにサインができ、コミュニケーションが取れます

よい家庭学習ノートを紹介したり、月間パーフェクトや学期パーフェクトなどを発表することで、頑張っている生徒を奨励したり、クラス全体でやろうという意欲を高めるようにします

表計算ソフトで毎週の提出点を計算します。班ごとのグラフや、取り組みをデータ化することで、クラス全体のモチベーションを上げることにもつながります

□□ □□	0	0	2	6	3	8	8	7	10	10	7	169.5
■■ ■■	0.5	1	1	1	0	0	0	0.5	1	0	0	29.5
○○ ○○	10	8	10	8	5	4	8	5	4	10	10	230.5
●● ●●	1	1	4	1	1	2	1	1	1	1	1	37.5
◎◎ ◎◎	0	0	1	5	2	1	2	2	0	0	3	101.5
◉◉ ◉◉	4	5	8	7	6	4	10	9	8	4	7	293.5
△△ △△	0	0	0	0	0	0	0	0	0	0	0	8
▲▲ ▲▲	8	8	5	6	6	7	6	9	4	4	7	262
☆☆ ☆☆	2	1	1	5	5	2	4	5	4	6.5	3	133
★★ ★★	1	0	6.5	6.5	6	2	7	5	9	4.5	3	9.3

※1週間で毎日出せた生徒には色をつけている。

03 毎日チェックする

　朝の活動では、朝学習や朝読書をしている学校が多いかと思いますが、その際に自分の机の上にノートを置かせておきます。教師は、そのノートにサインをしていきます。提出のない生徒には、家庭学習を行ったかどうかを聞きます。宿題が多く出ていたり、塾の日だったり、習い事や出かける予定があったりしてできなかったのか、を把握します。一日に全員の生徒と話すことは難しいですが、ノート提出をきっかけに、コミュニケーションをとることもできます。またモチベーションアップもこの声かけが大切になってきます。

04 班ごとに取り組みをチェックし、グラフ化、週、月、学期、年間の表彰を行う

　家庭学習の取り組みは、毎日班ごとに点数化して、係に集計させます。教師は、集計表を表計算ソフトで計算し、取り組み状況をグラフ化するなど、これまでの積み重ねを視覚化し、意欲を高めます。

　学級通信では、月のパーフェクトや学期のパーフェクト賞を発表します。毎月の目標となり、授業の復習や予習なども含め、何か1ページやってみようという生徒が次第に増えます。

　まとめ方が上手な生徒の見本を載せるのもよいでしょう。

細やかな
生徒指導

▶ねらい

生徒指導を行う上で重要な点を押さえ、生徒の個性のさらなる伸長や行動改善を促す。

▶指導のポイント

生徒指導とは、生徒の自発的かつ主体的な成長・発達の過程を支援していく働きかけのことです。

学校生活の様々な場面で行われる生徒指導ですが、その要となるのは生徒と教師との信頼関係です。教師は絶えずまわりの状況にアンテナを張り、生徒理解に努める姿勢が求められます。

褒めるためには日常の観察が重要

人の目を見て挨拶が
できる生徒

集めたプリントを、必ず四隅をそろえて
手渡しする生徒

テストは苦手だが、
提出物は遅れずに提
出する生徒

「どの子にも必ずよいところがある」という視点を教師がもつことが大切です

指導の留意点

01 厳しさと優しさのバランスを意識する

教師はいじめやルール違反などには毅然と対応し、時には集団・個人に厳しく指導する強さが必要です。同時に、困っている生徒に寄り添い、行事などを共に楽しむ姿勢も大切です。どちらか一方に偏り過ぎるのではなく、そのバランスを意識して生徒と関わりましょう。「何を言われるか」より「誰に言われるか」を重要視する生徒もいます。「この先生に言われるなら納得できる」と思われるぐらい強い信頼関係が築けるとよいでしょう。

02 生徒を褒める機会を意図的につくる

信頼関係をつくる基本は、相手を褒めて認めることです。先生という存在に認められることで生徒の自己有用感は高まり、個性はさらに磨かれていきます。どのような生徒も長所は必ずあります。まずは生徒を観察してそこを見つけること。そして、褒めること。さらに、個人の特性も考慮しながらですが、その長所をまわりの生徒に見える形で示し、全体の前で褒めることも効果的です。褒められて嫌な人はいません。意図的にたくさんの生徒を褒めましょう。「○○先生がすごいと言っていたよ」と間接的に褒めることも有効です。

問題行動への対応は学年のチームワークが大切

Cさんの聞き取りは私がやります

AさんとBさんの聞き取りは私がやります

関係生徒の聞き取りが終わり次第、学年教員で情報を共有しましょう。それを受けて対応を検討し、管理職に相談しましょう

先生方が聞き取りしている間は私がクラスに入ります

　問題行動への対応は、関係生徒からの情報収集から始まります。まずは、どのような事実があったかを当該生徒からできるだけ詳細に聞き取りましょう。

　加害生徒と被害生徒がいる場合は、そのトラブルを見ていた可能性のある生徒からも聞き取りを行い、客観的な情報を集めることも重要です。

　被害生徒には徹底的に寄り添い、必ず教師は味方となり守る立場であることを伝えます。加害生徒には気持ちを受け止めながらも、やってしまった行為については厳しく指導することが求められます。

　「罪を憎んで人を憎まず」の気持ちで生徒に向き合いましょう。

03 組織で行う問題行動への対応

　問題行動が起こった場合は、対応を一人で抱え込まないことが大切です。学年教員で役割分担を行い、協力しながら進めていきましょう。学年主任や生活指導主任、管理職への報告・連絡・相談を行い、早急に対応を検討し、実行することが大切です。初期対応の速さが生徒や保護者の信頼につながります。指導後には当該生徒の保護者への連絡を行いましょう。

学校は一つのチームです。教員間で相談しながら、時には外部機関の協力を仰ぐことも大切です。

04 全体の問題として振り返りを行う

　一人の問題行動や学級でのトラブルを当該生徒・クラスだけの問題とせず、学年・学校の問題として考えさせることが必要です。学年集会を開き、個人が特定される情報は避けながら、トラブルの概要を生徒に説明しましょう。そして、「今後のさらなる成長のために集団・個人としてどうすべきか」という未来志向の説諭を教師が行いましょう。

トラブルは「成長するきっかけ」という見方もできます。その点を意識して声かけをするとよいでしょう。

1学期の振り返りを
2学期の見通しへ

▶ 7月の目標

　期末考査を終えて、テストの緊張から解放されて自由になった気分が強く、毎日の生活の中の目標を見失って、落ち着きがなく私語が増えたり、遅刻や忘れ物が多くなったりする生徒が増えやすい時期です。さらに、マイナスの行動が学級の雰囲気を大きく変えてしまうことがあります。

　6月は授業中の学習の取り組みについて学級で共有しましたが、通知表が配布され今までの成果が表れる7月には、この経験を生かして家庭学習の点検や修正を狙いとして学級での共有を行います。ここでは、家庭学習の様子から個人の取り組みを友人と共有する中で新しく知る場面をつくり、一人ひとりの生活や学習スタイルを学級が支えている実感をもたせましょう。

7月の学級経営を充実させるために

家庭学習の取り組みの共有から学習スタイルをつくり上げる

　教科担任制による授業に慣れ自分の学習スタイルをつくり上げられた生徒と、授業への向き合い方や家庭学習の取り組みを明確にできないまま、家庭学習に取り組むことが難しい生徒が混在し、学級としての一体感や所属意識が薄くなりやすい時期です。

　学期末のアンケートで家庭学習の時間や内容を問い、「できたこと」と「できなかったこと」を明らかにして自己を客観的に見る時間を設定します。次に、現状や改善案を発表する活動から情報の共有を図り、「良いものは取り入れる」「できなかったことは少しずつ取り組んだり改善をしたりしていく」ことを例にして、学習スタイルの見直しと実現可能な学習計画の作成を目標としましょう。

自己開示の体験から自己調整のヒントをつかむ

　家庭学習の成功例だけでなく、失敗例とその原因を記述したものが学級で共有できるように工夫します。

　しかし、自分の成功や失敗を友人に明らかにする自己開示は、消極的になりがちです。

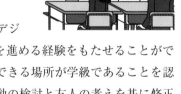

　そこで、短い言葉を付箋に記入し模造紙に貼り付ける方法や、デジタルホワイトボード（Google Jamboard）の利用から、自己開示を進める経験をもたせることができます。成功例や失敗例を知り原因に共感をもつ経験から、安心できる場所が学級であることを認識することが一体感や所属意識を育てるのです。また、自己の活動の検討と友人の考えを基に修正し改善する経験から、自己調整のコツをつかめるようにします。

注意事項

通知表を１学期の情報箱として捉え、次に進む手がかりを見つける

　通知表は、ねらいへの到達度が記載されている情報箱。「通知表の見方」を参考に自分の行動の客観的な評価として捉え、係、委員会、部活動の記載にも目を向けて、夏休みや２学期の生活の手がかりを見つけられるようにしましょう。

家庭学習向上プロジェクト（自己開示のコツ）

▶ねらい

　アンケートの結果を踏まえ、自己の家庭学習の取り組みを客観的に見ます。さらに、友人の成功例や失敗例から共感やアドバイスをして共有を図り、共通の課題に対して学級全体で取り組む経験をもちます。

活動例

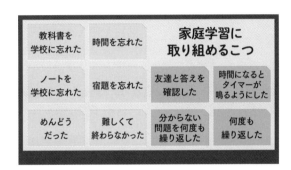

① 項目ごとに付箋を記入する。

　　付箋は、成功例（緑）、失敗例（黄色）と色分けをしておく。

② あてはまる項目の模造紙に貼っていく。

　　成功例（右側）、失敗例（左側）は説明しておく。

　　同じ内容であっても貼るように指示する。

③ 項目ごとの模造紙の見学をする。

④「向上のために必要なことは」を付箋紙（桃色）に記入する。

活動後のポイント「共有の選択の方法」

　学級の生徒の様子や時間に合わせて選択をします。

㋐ 対話型：小グループ内でホワイトボードや画用紙に付箋を貼り付けて、黒板に提示する。共有を２度実施できるが、個人の付箋が特定されやすい。

㋑ ギャラリーウオーク：自分で付箋紙を貼り付ける。共有に時間はかからないが、生徒が通り過ぎてしまい内容に注目できない。

㋒ ワールドカフェ：付箋紙を回収し貼り付け、案内する係の生徒を決めておく。案内の生徒との交流が図られるが、項目ごとの交流が必要なため時間を十分にとる必要がある。

人間関係を円滑にするトレーニング

▶ ねらい

対人関係において、上手に人とやり取りする技術を身に付ける。

▶ 指導のポイント

ソーシャルスキルトレーニング（SST）とは、「上手に人とやり取りをする技術の練習」のことを言います。

自分の気持ちを伝え、相手を傷つけない「適切なソーシャルスキル」は、日常生活を通じてだけではなく、学習によって意識的に身に付けていくことが可能です。

▶ ソーシャルスキル セルフチェック質問例

・誰にでもあいさつをしていますか。
・話を聞くとき、話している人の目を見ていますか。
・話を聞くとき、あいづちを打っていますか。
・相手に分かりやすいように、話す内容を考えてから質問していますか。
・相手の都合を考えてから、相手にお願いを頼んでいますか。
・相手に励ます言葉をかけていますか。
・相手を心配する言葉をかけていますか。
・イライラしたとき、自分自身で気持ちを落ち着かせることができますか。
・トラブルになったとき、友達や先生に相談するなど解決に向けて行動していますか。

活動の展開

01 導入

SSTは学活の時間に各学級で実施をします。具体的な対人関係の場面を設定して、自分ならばどのように対応するのかを生徒に考えさせたり、実際にロールプレイ活動を通じて練習させたりします。導入では、ソーシャルスキルとは何か、その必要性を生徒に説明しましょう。そして、生徒に学校生活における自分の行動について振り返る質問を与え、自分のソーシャルスキルの現状をセルフチェックさせましょう。

ソーシャルスキルを学習して、友達や自分自身との向き合い方を練習していきましょう

02 活動①（感情のコントロール）

思春期である中学生は、自分の感情をコントロールすることが苦手な生徒も多く、感情との向き合い方を学ぶ必要があります。まずは、生徒に生活の中でイライラしたことやその際に取った行動を思い出させましょう。その後、具体的に感情をコントロールする方法を考えます（深呼吸をする、ゆっくり数字を数えるなど）。最後は、中学生がイライラしている場面を取り上げ、ペアでロールプレイ活動を行い、学んだ方法を実践してみるとよいでしょう。

気にしすぎるのはダメだ。ポジティブに考えよう

ソーシャルスキルトレーニング「気持ちのコントロール」

1年（　）組（　）番　氏名（　　　　　　）

STEP1　あなたは最近イライラしてしまったことはありますか？ また、そのイライラをコントロールするために何かしましたか？ 書いてみましょう。

イライラしてしまったこと	解決方法

> 生徒自身のイライラしたときの解決方法を書き出させる

STEP2　次の場面について考えましょう。

> Aさんは、今日学校で校外学習の話し合いのときにクラスメイトと言い合いをしてしまい、イライラした気持ちのまま家に帰りました。心を落ち着かせるために、部屋でゲームをしていると、お母さんが「ゲームばっかりしていないで宿題をしなさい」とAさんを怒りました。Aさんのイライラは増してしまいました。

あなたがAさんだったら、どんな気持ちでコントロールをしますか。

> イライラしている人の具体的なエピソードを通じて、気持ちのコントロールを考えさせる

STEP3　気持ちをコントロールする4つの方法を確認しましょう。

	方法	やり方
①	深呼吸	大きく息を吸い、ゆっくり吐く
②	カウントダウン	落ち着くまでゆっくり数字を数える
③	自己会話	「気にしない」「大丈夫だよ」と心の中で自分を励ます
④	イメージ	好きな場所やものをイメージする

> 気持ちをコントロールする方法を紹介する。穴抜きにして、記入させても良い

STEP3　今日の学習を振り返りましょう

1. 学習に積極的に参加することができましたか。	できた	だいたいできた	あまりできなかった	できなかった
2. 気持ちをコントロールする方法を理解することができましたか。	できた	だいたいできた	あまりできなかった	できなかった
3. ひとこと感想を書きましょう。				

> 気持ちをコントロールする方法について学んだことを振り返らせる

---

03 活動② （相手に共感する）

　共感的な人間関係を生徒同士で築くためには、相手の気持ちを理解する、相手に寄り添う姿勢を示す、などの生徒の相手意識を育てることが大切です。導入では、会話をするときに相手の様子で親しみを感じること（声の調子、表情、視線、距離など）を生徒に書き出させて共有をしましょう。次に、困っている人を助けるロールプレイ活動を行い、ペアやグループで相手に寄り添うような声のかけ方を考えさせましょう。

> 勉強と部活の両立は大変だよね。今度、一緒に勉強しようよ

04 活動③ （質問の仕方を身に付ける）

　中学生は教員や先輩など、目上の人との会話の場面が多くあります。そこでは、相手との関係や状況を踏まえて、コミュニケーションを図ることが必要となります。あいさつ、相手の都合の確認、お礼、正しい言葉遣いなどのコミュニケーションの基本を日頃からできているか、生徒に振り返らせましょう。以下のような練習場面を設けて、実際に生徒同士や担任の教員と練習してみると実践につながります。

> ・教科係として、授業の持ち物を先生に尋ねる。
> ・宿題を先生に遅れて提出する。
> ・委員会活動で先輩に質問をする。

4月　5月　6月　**7月**　8月　9月　10月　11月　12月　1月　2月　3月

1人1台端末を使いこなす

▶ねらい

　1人1台端末を多様な場面で効果的に活用することで、すべての生徒の学びを保障する。

▶指導のポイント

　1人1台端末を「新しい文房具」と考え、「すぐにでも、どの教科でも、誰でも、使えるICT」として、多様な場面で活用できるスキルを身に付けさせるようにしましょう。授業、行事などすべての生徒が学校教育に参画できる機会を提供できるようにしましょう。

1人1台端末の利用の約束

① 借りているものなので、大切に使いましょう。

② 写真、動画の撮影は学習に必要なものだけです。

③ 他の人の端末には触らない、貸し借りもしない。

④ 学習活動・委員会・部活、係活動以外には使用しないようにしましょう（休み時間も含む）。

⑤ ID・パスワード・パスコードを他の人に教えないようにしましょう。

⑥ パスワード等を変更する場合は、必ず先生に報告するようにしましょう。

⑦ 故障、破損、紛失した場合には、保護者と先生にすぐに報告するようにしましょう。

⑧ 個人情報（写真・動画等）はネットに載せない。人を傷つける発言を発信しないようにしましょう。

一人ひとりがマナー・情報モラルを考えて使用しましょう！

活動の展開

01 1人1台端末を配布し、初期設定を行う

　中学校に入学し、新しく1人1台端末を配布する場合には、パスワードなどの初期設定が必要となるため、総合的な学習の時間などを活用し、教師側の支援のもと配布を行うようにします。特に、パスワード等は事前に保護者に文書を提出してもらい、生徒だけでパスワードを決めることがないようにしましょう（変更が必要な場合も必ず報告することを義務付けるようにします）。提出後、生徒管理台帳を作成し、生徒名、パスワード、IDなどを一覧表に整理し、保管するようにします。また、自宅での自学自習を支援する学習支援アプリを導入している場合には、使用方法等についてもここで紹介するとよいでしょう。

02 1人1台端末使用のルールを確認する

　「1人1台端末の利用の約束」を配布し、生徒と一緒に読み合わせし、1人1台端末を使用する上でのルールを確認します。「個人情報（写真や動画等）を許可なくネット上に掲載する。SNS上で人を誹謗中傷する」等は、学校で発生しやすいトラブルの一つでもあるため、その危険性についても説明するようにしましょう。また、学校だけでなく、学年だより等を通して、家庭でも話し合ってもらえる機会を設けてもらえるように働きかけます。

1人1台端末の活用例「リアル」

① デジタル教科書を活用した授業
② 撮影した写真を用いた発表活動
③ ペアワーキングでのドリル学習
④ 班活動での話し合い活動（意見の
　共有）

1人1台端末の活用例「リモート」

① オンラインでの授業、行事への参加
② オンデマンド配信を利用した学習補助

03 1人1台端末を多様な場面で活用する

　1人1台端末を活用することで、①一斉学習（教材・資料の提示、話し合い等）、②個別学習（調べものが調べやすくなる等）、③協働学習（意見交流がしやすくなる等）を充実させることができます。また、1人1台端末の機種によっては、ペーパーで配布していたものをデータで配布、回収し、その提出状況や学習の定着率を把握できるものもあります。

　具体的な使用例としては、学習支援アプリを使用した自宅での学習状況の把握、また学年だよりの配布、三者面談や保護者会の出欠の回収を端末上で行う方法等があります。

04 リモートを活用する（学習・行事）

　不登校傾向にある生徒は、学校での授業や行事に参加することができないため、学習が遅れがちになるとともに、行事の中で育つ社会性等が定着しづらくなってしまいます。1人1台端末を用いたオンライン授業で、学びの保障を確保することができるとともに、リモートでの生徒会選挙、3年生を送る会等への行事への参加の場を提供することもできます。様々な形で「学び」を保障することができます。

宿泊行事で
親睦を深める

▶ねらい

宿泊行事を通して、仲間との親睦をより深めるとともに、集団生活のルールを学ぶ。

▶指導のポイント

行事を通して、自然などに親しむとともに、よりよい人間関係を築くなど集団生活の在り方などについて考えます。

特に1年生では、主体的な心、多様な生徒と協力する心を育むことが大切なため、意図的に協働学習を取り入れていくようにしましょう。

参加確認書・食物アレルギー調査

1．宿泊行事　参加確認

宿泊行事に参加します。
宿泊行事に参加できません。 理由（　　　　　　　　　　　　　）

↑
いずれかに○をつける

2．食物アレルギー調査

食品に対するアレルギーがあるので、除去食・代替食を希望します。 　→後日、詳細の成分表を配布します。
食品に対するアレルギーはあるが、除去食・代替食は特に希望しません。
食品に対するアレルギーはありません。

↑
いずれかに○をつける

参加確認書のフォーマットや班決めの方法については、事前に学年会で統一し、クラス間で違いが出ないようにしましょう。

活動の展開

01 ねらいを説明し、参加確認書を配布する

宿泊行事では、事前にその「ねらい」を説明し、生徒も教師も目的意識を共有することが大切です。その後、参加確認書を配布します。参加確認書にアレルギーに関する除去食希望調査を付けると、回収が一度で済み便利です。担任は除去食を希望する生徒には、後日、食事の成分表を配布し、どの食材を代替するのかを事前に把握する必要があります。また、養護教諭、当日引率してもらう看護師とも連携を図り、食事の座席についても学年で情報共有を図ることが大切です。特に、服用する薬などがある場合には、部屋を担当してもらう先生と綿密に連携を図り、該当生徒がきちんと薬を服用したかを確認してもらうことも忘れないようにしましょう。

02 宿泊班を決める

宿泊行事の班決めでは、生徒の自由もしくはくじ引きなどを利用する方法があります。しかし注意点としては、仲間はずれなどが出ないように意図的に班長候補の生徒に事前に声かけをするなどの配慮を忘れないことです。また、不登校の生徒で行事に参加できない生徒がいても、クラスの一員として班員の中に入れる（しおりに名前が記載される等）ことを忘れないようにしましょう。

チームビルデイング（一例）

① エブリバディアップ

手をつないだ状態から立ち上がるゲームです。2人1組になって向かい合わせに座り、手をつないでつま先を互いについて立ち上がります。2人から始まり、人数を増やしていきます。

② ヘリウムリング

チームで一つのフラフープを人指し指で支えている状態からスタートし、誰の指も離れずに地面につけることができたら達成というシンプルなゲームです。

③ フープリレー

指示者の指示で、全員で手をつないで輪を作ります。輪の一ヶ所の手を解いてフラフープを入れ、誰も手を離さずにフラフープを一周回すアクティビティです。

④ しっぽ取りゲーム

全員が鬼の役をする鬼ごっこのようなものです。ゲームがスタートしたら、自分のしっぽを取られないようにしながら、自分以外の人のしっぽを取ります。最後まで残った人が優勝です。

03 チームビルデイングで団結力を高める

　宿泊学習の中でチームビルデイング（目標を達成できるチームをつくり上げる活動）を取り入れると、クラスの団結力を高めることができます。企画に関しては、教師側のアドバイスが必要となりますが、運営（表彰を含む）等に関しては、実行委員会が中心となって行うようにしましょう。チームビルデイングでは、自ら考え行動し、まわりの人にも積極的に目を向けられる生徒を育てることが大切です。

04 情報を発信し、学習の振り返りを行う

　宿泊行事中はHP等を通して、リアルタイムで情報を発信したり、また、行事後は学年だより等を通して、活動の様子を発信できると、保護者と学校の信頼関係を深めることができます。また、行事後の振り返りも大切です。事後学習新聞を作成し、発表したり、学習発表会の作品として展示したり、キャリアパスポートに記入し、きちんと振り返りを行うことで、来年度の宿泊行事の目的を明確にすることができます。

信頼関係を高める
保護者面談

▶ ねらい

　保護者と生徒の情報や課題を共有し、学校と家庭で協力して生徒を育成する基盤を築く。

▶ 指導のポイント

　生徒と日々学校で生活していくと様々なことが起きます。中学校での様子は保護者にとって知りたい内容であり、担任からは家庭での様子は学校生活に生かしたい内容です。

　そこで、面談を行い学校と家庭で情報を共有することで、保護者に学校の様子や学校の方針を理解してもらうことや、担任と学校が家庭での様子を理解することが重要となります。家庭と学校で協力関係を築き、生徒の成長を支えていける基盤をつくります。

面談のお知らせの例

保護者様

○○中学校
担任○○○

○学期保護者面談のお知らせ

1	日時	○月○日～○月○日
2	場所	○年○組　教室
3	内容	学期を振り返って 長期休業中の過ごし方 その他
4	備考	上履きのご用意をお願いします。 自転車でのご来校はご遠慮ください。 PTAの名札を必ずお持ちください。

------------------きりとり------------------

5　保護者面談の希望調査

	○月○日	○月○日	○月○日	○月○日
14～15時				
15～16時				

上記予定表から面談可能日を選び担任までご提出ください。

保護者氏名

面談で共有したいこと

・友人関係について
・学校生活の様子
・学習への取り組み状況
※特に、提出物の提出状況などで改善を要する場合は必ず伝え改善につなげる。
※教科の提出物や授業態度等は教科担当に事前に確認しておき把握しておく。
・家庭での様子

展開

01　保護者面談の準備

　保護者面談は学期の終わりや長期休業期間に行う学校が多いです。

　保護者面談の時期が近づいてきたら保護者面談のお知らせを配り、保護者から面談希望日を集約します。

　保護者の面談希望日が集まったら面談の予定を組んで、面談日程決定版を配布します。保護者の予定もあるので1ヶ月前にはお知らせを配り、2週間前には面談日程を配布しましょう。

02　面談で伝える学校での様子について情報収集する

　教科担任からの授業の様子、委員会や部活動の活動の様子、頑張っている様子、指導が必要な様子などを、学級の生徒の一覧に記録できるようにします。授業の準備、授業の参加の様子、提出物の内容や状況などを、記号（◎○△）を使って表現すると担任には分かりやすいです。保健室、支援教室からの情報も参考になります。面談の前に、学校での良い点（頑張っている内容）、学校で気になる点（指導が必要な内容や指導を行った内容）をまとめて、家庭での支援の具体的な内容を整理しておきましょう。

　面談の内容は生徒ごとに記録として残します。初めての面談では慣れるまで学年の先生が同席の場合があります。その際には保護者に同席の理由を話しておきましょう。

保護者面談で意識したい傾聴のポイント「はひふへほ」

　面談を通して良好な関係を築くには、肯定的な関心を示すことが重要です。その際に有効な聞く側の心構え（傾聴）としてのポイントを示します。「はひふへほ」と担任が思う場面ごとに保護者と担任の応答を示します。

家では毎日その日教わった授業の復習を行っています

はぁ～、へぇ～！（感心する）Aさんの定期テストの点数が良い理由は、復習する努力をしているのですね

バレエの習い事で先日足をくじいてしまいました

ひゃ～！（驚き）大変でしたね。痛みはどうですか。お大事にしてください。通院のことや学校生活で気を付けることはありますか

家ではよく弟や妹のお世話をしてくれます

ふ～ん（深く感心する）顧問のA先生から、Bさんの部活動での様子で、後輩の面倒見がよいという話を聞いています。素晴らしいですね。ご家庭で部活動の話をすることはありますか

Aさんと小学校が一緒で仲良しなんです

ほぉ～（納得する）休み時間や昼休みにAさんと一緒にいるところを見かけます。部活動も一緒ですね。学校での様子をご家庭でも話しますか

　保護者が生徒の様子に悩みがあり先生に聞いてもらいたい場合や、先生から指導してほしいと考えている場合もあります。そこで、傾聴しながら共感する言葉がけと、次のステップに移るキーワードを考えておきましょう。

例）ご家庭でもAさんにお話ししているのですね。学校でも私や他の先生からもAさんに話してみますね。

例）大変お困りのようすですね。Aさんにご家庭でたくさん話をしていただき助かります。学校でもAさんに話をしてみますので、そのときの内容や様子を電話でお伝えしますね。その際に、ご家庭でお話しいただく内容やタイミングも相談しましょう。

03　面談で意識したいこと

　面談を行う大きな目的として、保護者と協力関係を築くことが挙げられます。

　担任の先生は話を聞いてくれる、この先生となら協力していける、そう感じてもらうことが大切です。逆に、保護者にとって担任から意に沿わない言葉をかけられた場合、「聞いてもらえない」という気持ちが残りがちです。そこで、生徒の現状を把握することを目的として傾聴の「はひふへほ」を意識し面談を進め、良好な関係を築けるよう努めましょう。

04　まとめ

　保護者面談を行う際、担任はとても緊張するものです。同じ気持ちを保護者も感じています。良好な関係を築けるよう、丁寧な対応を心がけましょう。

　面談を通して学校と家庭が歩み寄り、生徒の成長を促していく基盤が強固になることが理想です。

　最後には、家庭と学校で協同して生徒の成長を願うことを共通理解とできるよう事前の準備や確認を行っていきましょう。

4月　5月　6月　**7月**　8月　9月　10月　11月　12月　1月　2月　3月

学級担任の「夏休み」

▶ ねらい

新学期がスムーズに迎えられ、生徒と向き合える時間をとれるよう準備を進める。

▶ 指導のポイント

1学期は慌ただしく過ぎていき、ようやくまとまった時間がとれる夏休みになります。部活動など夏休みも活動が続きますが、後回しになりがちな事務作業を計画的かつ意図的に進めていきましょう。

集中してしっかりと学期はじめの準備を進めましょう。

書類整理のしかたは、分掌や担当学年・クラスが変わると変更する。効率性を考えて常にカスタマイズする。

研究授業などの予定がある場合には、早い段階で指導案づくりに取り掛かる。

展開

01 3学期スタートまでの計画を立てる

人事が決まる春休みは短期の休みとなるので、思っているよりも時間がありません。2学期以降にある、担当分掌の仕事や行事の計画などは、夏休み中に進めていきます。できれば2学期の終わりに提案する3学期はじめの提案事項までを作成しておくと、ちょっとした修正だけで提案できるようになります。要項などの書類を前年度のものを開いてみるだけでも流れを検討したり、イメージをつくったりできるようになるので、事務作業に時間がとれる夏休みに取り組むのがよいでしょう。

02 積極的に研修する

まとまった教材研究ができる機会です。それぞれの自治体でも選択型の研修会などがあるので、自治体や管理職に聞いて参加するようにします。若手であれば、初任研などの仲間と声を掛け合ってお互いの学校に集まり研修会を行うのもよいでしょう。教科だけでなく、発問の仕方や担任教師としての関わりも含め、経験年数が同じだけにお互いに悩みも打ち開けられやすいはず。部活動など予定が合わない場合は、勤務時間外でも。人と話をすることはそれだけでも考え方や視点を広げられるチャンスです。積極的に機会をつくりましょう。

〈意図的な研究協議会〉　　　　　　　〈生徒へ連絡〉

地区が同じ同期の先生方と自主研修を
企画し、指導案検討などを行う時間を
つくる。

読書感想文が
書けません

書き出しさえ
分かれば、
書けるよ。明日
学校に来なさい

いつも宿題を忘れがちな生徒に電話を
して、進捗状況を確認する。

7
月

2学期の学級通信は、
どうしようかな…

03　学級通信の見出しを考える

　2学期以降定期的に保護者に学校の情報を伝えるた
めにも、毎週末に学級通信を出します。学期が始まる
と時間に追われて作成しようという気持ちが奪われて
しまうので、夏休中に毎週の行事を確認し、小見出し
を作成しておくとよいでしょう。
例：夏休み　皆の感想より
　　第2回定期テストを終えて
　　初めての校外学習！
　　校外学習の感想文より
　見出しを作成しておくことで、2学期の流れをつか
むことができ、事前指導が意識的にできるようになり
ます。

04　新学期が始まる前に　心配な生徒と連絡を取る

　夏休みが終わる前には、学習面・生活面で不安な生
徒、受け持っている不登校の生徒がいたら必ず電話し
ます。特に夏休みの宿題を計画的にできない生徒が、
9月以降不登校になってしまったり、生活面でだらし
ない生徒に非行傾向が見られたりすることがあります。
どちらのケースも身近な大人に心配してもらえること
は自尊感情を保つためにも大切な取り組みです。最終
日ではなく、1週間前くらいに電話をし、宿題などの
状況によっては学校でサポートしてあげたり、面談を
することで新学期を安心して迎えられるようにしてあ
げましょう。

じっくり生徒と向き合う2学期

▶ **9月の目標**

　中学生になって初めての長期休業を過ごし、新しい学期のスタートです。2学期は1年の中で最も長い学期で、様々な行事などがあります。多くの生徒は夏休みを有意義に過ごし、クラスメイトや先生たちとの再会を楽しみに新学期を迎えます。しかし、なかには悩みを抱えていたり、学習につまずきがあったりして、不安を感じている生徒がいることもあります。新学期はじめの数日間は、そのような生徒がいないかよく観察するようにしましょう。

　9月は生徒理解に努め、生徒との距離を縮めるとともに、スムーズに新学期がスタートできるようにサポートする視点をもって学級を経営していきましょう。

9月の学級経営を充実させるために

不登校、自殺防止の視点をもつ

　夏休み明けの9月は、1年間の中で最も不登校の生徒が増加し、中学生の自殺者が多いと言われています。とくに中学1年生は様々な理由から「中1ギャップ」を感じます。この現状をしっかりと理解し、事前に防止しようという視点をもち、以下のことを行うとよいでしょう。

【新学期が始まる前に】
・部活動や補習などで学校に来ている生徒とは、直接顔を合わせて様子を把握する。
・夏休み中に登校しない生徒には、電話をしたり、家庭訪問したりする。

【新学期が始まったら】
・初日は登校してきた様子をよく見る。→心配な生徒とは、面談する。早めの対応が大切。
・最初の3日間は、欠席した生徒に早めに連絡をする。
・夏休みのしおりや日記などを読み、様子を把握する。

注意事項

夏休みの宿題が終わっていない生徒への指導

　「なぜ終わらなかったのか」をしっかり把握するようにしましょう。ただの怠惰でやらなかったのと、学習につまずきがあってできなかったのでは、全く違います。いずれにしても、やっていないことを叱るのではなく、終わっていない宿題をできる限りやりきるように指導します。具体的には、自力でできるものは家庭で取り組ませ、自力でできないものは放課後に時間をとってあげて、宿題に取り組むサポートをしてあげましょう。

提出物回収の工夫

▶ねらい「効率のよい提出物の回収の仕方を定着させる」

　長期休業明けには宿題などのたくさん提出物を回収することになります。3年間の中でこのような場面は何度もあるので、1年生のうちに回収の仕方を明確にしルーティン化できるようにします。

活動例

① 教科係が提出状況を把握しやすいように出席番号順に集める。

　→提出物回収の日だけ出席番号順に座席を変えておくとスムーズに回収
　　できます。

② 提出状況を名票にチェックさせる（教科係）。

③ 教科係が教科担任へ提出物を持っていく。

活動のポイント

　教師主導ではなく、生徒たちでスムーズに回収できるように指導していきます。すべて回収し終えたら、主体的に活動できていた生徒の良かった点を学級全体で共有します。

1学期を振り返り、2学期の目標を考えさせる

▶ねらい「2学期の目標を立て、様々なことに前向きに取り組めるようにする」

　1学期を振り返り、改善すべき点やさらに伸ばすとよい点を2学期の目標にすることで、様々な活動に意欲的に取り組めるようにします。

活動例

　まず、1学期の目標を振り返り、達成できたことや課題として残ったことを考えさせましょう。そこで考えたことを踏まえて、2学期の目標を具体的に決めさせます。2学期の行事などを事前に確認しておくと、目標が考えやすく前向きな気持ちをもたせることができます。目標は短冊に記入させて、教室内に掲示することで、常に目標を意識しながら生活させることができます。

　2学期の最後に、目標を達成できたのか評価できるように、自己評価の欄を設けます。数値による評価でも、文章による振り返りでも構いません。

2学期の目標	
組　　番	
生活面 （行事を含む）	学習面 （家庭学習・ 授業・考査）
☆　☆	☆　☆
自己評価 A B C	自己評価 A B C

活動後のポイント

　短冊に目標を記入させたら、掲示する前に一度誤字・脱字がないか確認するようにします。

リーダーを育てる
席替え

▶ **ねらい**

班という小集団の班長を育てることで、クラスのリーダーを育成する。

▶ **指導のポイント**

生徒にとって席替えは、学校生活を左右すると言っていい、一大イベントです。しかし、座席の決定は、単純には決められない様々な制約のもと成り立っています。

代表生徒である班長にその仕組みを伝え、責任感をさらに高めさせ、学級のリーダーとして成長させたいところです。

活動の展開

01 班長を決める

クラスの人数が30人以上いるときは、班長は男子3名、女子3名を選出します（ただし、男女比率によってはこの限りではありません）。

班長は、立候補を基本とします。これは、班長をリーダーとして成長させるためにも、自らの意志で「やろう」と思わせる状況をつくることが大切だからです。そして、クラス全体にも立候補してくれた仲間に協力しようという気持ちをもたせ、お互いが支え合う雰囲気をつくりましょう。

02 班長による座席の決定会議①

座席は、班長会議で話し合います。メンバーは、
① 担任
② 学級委員
③ 班長　とします。

クラスメイトの名前の入ったカードをつくり、カードを並べ替えて班を決定していきます。名前カードは1人1台端末のホワイトボード機能などを用いてオンライン上で行うのもよいでしょう。

会議は放課後に行うことになりますが、部活動などもあるので、最長60分で決められるように、時間配分を担任がコントロールしましょう（慣れてくると30分くらいで決まります）。

班を決めるのは、ただ、誰かを割り当てればいいわけじゃないんだね

◇◇さんは、目が悪いから、僕の班は前の3班がいいかな

●●さんがいれば、一緒に声をかけられるかも

△△君は、忘れ物が多いから、班長が声をかけた方がいいかも

副班長は、〇〇君がいいよ

全員が納得のいく席替えはなく、どういう観点を意識したかが大切です。その観点を座席発表時に伝え、お互いの良いところを探す班活動をさせるようにしましょう。

03 班長による座席の決定会議②

班長会議では、次の流れで行います。
① 副班長は班長と異性にすることでクラスの人間関係を把握しやすい。班長は同性の副班長候補を推薦し、3名を割り当てる。
② 提出物や授業態度などで課題がある生徒を子供たちに考えさせる。
③ 班長と副班長で、きちんと課題を克服できるように班全体のバランスを取って、②の生徒を分配する。
④ 班長が話しやすく、協力が得られる生徒を選ぶ。
⑤ 男女のバランス、出身小学校や前回の席替えのときに同じになっているメンバーのバランスを取りながら残りの班員を選出する。

04 まとめ

班長会議を行うことで、ただ好きなメンバーを集めて班を決定できないことに気が付きます。班をまとめるためには、クラスの環境づくりが必要で、その環境をつくるのが班長です。班長の意識を高め、視野を広くもたせて仕事をさせましょう。クラスの班長全員で「協力しよう」という雰囲気をつくって新しい班をスタートさせます。

班長会議をすると、学級担任がいないときのクラスの様子も鮮明に説明してくれます。そして、生徒たちの「真面目」かつ「正義感」にも気付くことができます。今後の学級経営でこの正義感を育てるためにも定期的な班長会議を続けることが大切です。

4月　5月　6月　7月　8月　**9月**　10月　11月　12月　1月　2月　3月

きまりを見つめ直す

頭髪？

ルールは何のため？

持ち物？

身だしなみ？

▶ねらい

　学校を卒業し社会に出たら、様々なルールやマナーを求められる。常識を身に付け、それらを活用できるようになるための土台を、学校生活のきまりを通じて築く。

▶指導のポイント

　ここでは、生活のきまりがなぜ必要なのかを理解させます。そして、きまりを守ることの大切さ、きまりを意識して行動することの意味を考えさせます。

　集団行動を通して、他者に対する気遣いや思いやりを大切にするようにしましょう。

活動の展開

01 クラス全員で確認の時間を設ける

　生活のきまりは誰にとっても大切な学校のルールです。学期はじめにはクラス全員できまりの確認を行いましょう。その際に、きまりに対する質問や疑問点があれば、皆で共有して解消しましょう。全員が理解し、納得した上で学校生活をスタートすることが何よりも大切です。

02 生徒の学校生活にとって必要なきまりであることが大切

　きまりの作成にあたっては、生徒が学校生活を安全・安心に送るために必要なきまりは何かを第一に考えましょう。ケガをしないために、事故を起こさないために、いじめや嫌がらせを引き起こさないために、何を生徒に求めるかを考えてきまりをつくりたいものです。

掃除の仕方

授業の受け方

廊下の歩き方

配膳の方法

シューズの置き方

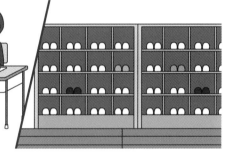

03 内容を精査する場合は、生徒の意見も積極的に取り入れる

　内容を決定するのは教員だけではありません。社会の変化に対応するためにも、臨機応変に生徒の意見を取り入れ、生徒自身が自分たちの学校生活をよりよくするための自治の意識、ルールを順守することの意義を見出させることが大切です。生徒会、委員会等での生徒の"声"を積極的に取り入れる柔軟性をもちましょう。これからの時代、生徒と共に創り上げることが大切です。

ご意見箱

04 教員間の差をなくし共通認識のもとで生徒と向き合う

　生徒にきまりを守らせる以上、教員も生活のきまりを理解しておかないといけません。また、教員間で指導の差があってはいけません。このため、教員同士のコミュニケーションを密にし、「ONE TEAM」となって生徒と向き合うことのできる職場の雰囲気を構築しましょう。

遅刻、欠席、早退の丁寧な対応

▶ ねらい

生徒の体調や状況を把握するとともに、翌日以降、安心して登校できるようにする。

▶ 指導のポイント

生徒が安心して登校できるためには、連絡の共有の徹底、見える化が大切です。また、教師が心配していることが生徒に伝わるように寄り添います。

生徒の不在期間も不安にさせないような学級の一員として情報共有の機会をつくります。

そのほか、家庭と連携し、生徒の異変を早期に発見しやすくします。

▶ 遅刻・欠席・早退の把握

①担任が授業等で不在だとしても共有できるようにするため、学年内でホワイトボード（生徒の目に触れない位置に設置）や1人1台端末などを活用します。

②朝の会で連絡のない生徒がいないか確認し、確認の取れない生徒の家庭には副担任から連絡を入れてもらいます。生徒の所在は必ず朝の段階で把握するよう、学年内で連携を取ります。

欠席	遅刻	早退
A 0	佐藤（通院）	
B 0		小林（体不）
C 田中（熱）		10：30
D 鈴木（忌引）中村（寝坊）		
	8：45登校	

ホワイトボードの記入例

展開

01 心配していることを伝える（遅刻）

生徒が遅刻して登校してきたら、心配していたという気持ちが伝わる声かけをします。授業等で対応ができなかった場合も、顔を合わせたタイミングで必ず行います。寝坊した生徒の場合は、心配を伝えるとともに、続くことがないよう原因を確認し、指導します。

生徒から遅刻の詳しい状況を聞き（とはいえ、無理には聞かないようにします）、朝の連絡事項を伝え、遅刻届を渡します。

02 家庭との連携をきちんと取る（欠席）

生徒が体調不良で欠席した場合は、放課後、家庭に連絡を取り、様子を聞きます。一方で、学校での様子を伝えたりすると連携が取れてよいでしょう。その際、心配なこと、学校で気を付けること（服薬等）はしっかり保護者から聞き取ります。

連続する欠席の場合、学年主任などに相談の上、不登校の初期対応も想定して動きます。

〈ICTを使って配信する例〉

　教科連絡の写真を撮り配信すると、欠席や早退をした生徒たちも、翌日以降の持ち物が分かります。一日の中でクラスとして良かったことや、明日行われることなどクラスで共有していることがあると、自分のいないときも、どういう状況だったか知ることができるため、安心して次の登校に備えることができます。

月　日（　）		日直　○○さん
1	数学	いつものセット
2	理科	教科書 iPad ノート（筆）（資料集）
3	国語	教科書 ジャージ登校 iPad　筆記用具
4	体育	女子 プールセット 男子 筆記用具 ジャージではなくてOK
5	音楽	コーラスフェスティバル 中音1・ファイル　筆記用具 色えんぴつ←大切！
6	社会	歴史セット

そろそろ変わるとは先生も言っていたけれど、次回から社会は歴史に変わるのね

03 早退（体調不良）

　体調不良で早退の場合は、養護教諭と連携を取って、保護者に連絡をし、症状や状況に応じて、迎えに来ていただけるか、否かを聞きます。さらに生徒の荷物を一緒に、または教員側で取りに行きます。

　生徒のみで帰宅させる場合は、保護者了承の上で行い、帰宅後、学校へ連絡を入れるように指導します。

04 早退（家庭事情等）

　アプリや電話、生徒手帳などで保護者からの連絡を確認した上で対応します。

　どのタイミングで早退するのか、生徒本人とも確認を取り、担任（難しい場合は学年の教員など）に声をかけてから下校するように指導します。

4月　5月　6月　7月　8月　**9月**　10月　11月　12月　1月　2月　3月

転入出の生徒が出たとき

▶ ねらい

　家庭や学校間で連携を取りながら、生徒がスムーズに学校生活が送れるようにする。

▶ 指導のポイント

　中学生にとって、転入・転出は環境が大きく変化するため、大きなストレスを抱える場合もあります。また、クラスの生徒たちにとっても少なからず影響が出てきます。

　家庭や学校間で連携を取りながら、不安をなるべく取り除く対応や、しっかりとした準備を行って、出会いと別れを担任として演出することが必要です。

　転入・転出ともに、学籍・教科書・会計担当などと進めていくことが大切です。

（学　　籍）　在学証明書、指導要録の写し
　　　　　　　就学指定通知書など
（教 科 書）　教科書給与証明書
（養護教諭）　健康診断、スポーツ振興センター関係
（栄 養 士）　給食、アレルギー関係
（事　　務）　学納金の口座関係
（学年会計）　私費会計の精算、予算関係
（管 理 職）　転入・転出先の学校や教育委員会との窓口
（学年教務）　名票の改定・印刷、ゴム印などの発注
※場合によっては、
（外部機関）　日本語支援、児童相談所、スクールカウンセラー　など

展開

01 〈転入〉事前面談

　校長先生との面談後、学年主任などとともに保護者・生徒と事前面談を行います。

　①転入に必要な書類の受け渡し ②これまでの生活、今後の展望や希望、健康面、配慮事項、心配なことなどを聞く ③学校や学級の雰囲気、特徴なども伝えます。転入初日の動きや持ち物の確認などもあると安心して転入日までを過ごすことができます。

02 〈転入〉初日

　他の生徒たちよりも早めに登校させ、身だしなみの確認や温かい声かけをします。自己紹介の助言をしておくのもよいでしょう。

　職員打ち合わせの最初に転入生の紹介を設定しておくと、職員全体への顔つなぎができます。担任主導で転入生を紹介し、教職員による歓迎の拍手で安心させてあげましょう。

> 名前やこれまでいた地域名、よろしくお願いします、などと言うとよいですよ

・海外からの転入生など、言葉の壁や、文化の違いなどが懸念される場合、事前に生徒たちに伝え、親和的な雰囲気で迎えてあげましょう。
・転入後、教室移動などで単独行動になっていないか、必要以上に学級の生徒たちが関わろうとして、それに転入生徒が驚いていないか、など目配りも忘れずに。
・学級通信や学年通信で転入生からのコメント掲載や保護者会で転入生の保護者の紹介もあるとよいでしょう。

〈転入生に対しての準備〉

□机や椅子の準備

□下足入れやロッカーの確認

□各所に貼る名前シールの作成

□途中からでも参加可能な係の検討

□生徒手帳（顔写真以外）の準備

□道徳、総合のファイルなどの準備

□1人1台端末の準備

□時間割表の準備

□教科書を教務担当から受け取る

□貸出用標準服、体育着などの準備

〈転入生に関する事務的準備〉

□関係書類を学籍担当などに渡す。

□出席簿に名前や転入日を記入。

□栄養士に給食の追加を頼む。

□会計担当や教科担任と私費教材について確認し、急ぐものは注文する。

□校内で検討の上、転入前の学校に成績を出してもらえるか、配慮事項などの確認。

03 〈転出〉事務作業

　転出の場合は、転出日、転出先学校名、今後の連絡先や手続き等を保護者と確認していきます。

　学年や全体への報告に加え、転出に関する担当と連携を取っていきます。特に、未配布の教材等がないか教科担任との確認は必須です。また、指導要録抄本の作成や処理も担当とともに行います。転出先の学校に成績を出す必要があるかなどの情報共有は管理職を通して行います。

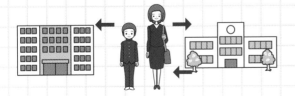

04 〈転出〉学級

　必ず本人や家庭と連携を取りながら、学級への報告日や方法を検討しましょう。

　転出前に、有志を中心に、学級内で色紙を書いたり、帰りの会などを利用してお別れ会ができたりすれば、学級全体でそれぞれの思いを共有する良い機会にもなります。お互いそれぞれの場所で頑張っていこう、という雰囲気をつくってお別れができるとよいでしょう。

自分を守る避難訓練

▸ねらい

生徒が自分の安全を確保するための適切な避難行動ができるようにする。

▸指導のポイント

災害発生時に生徒が自らの命を守るため、実践的な避難訓練を通じて、生徒が自分の安全を確保する適切な避難行動ができるようにします。担任としてできること、学校でぜひ取り組んでほしい訓練方法を紹介します。

また、訓練は私たち教師にとっても、いざというときに動けるようにするためのものであることも忘れないようにしましょう。

教室で地震が発生したときの基本的な初期避難行動

窓ガラスなど、落ちてきたりする物に背を向けて隠れる

揺れに負けないように、机の脚は対角をつかむこと

活動の展開

01 地震発生による避難訓練

訓練では実施要項を事前に読み込み、地震発生の理由、当日の避難経路を確認します。

〈訓練が始まったら〉

① 教室の場合は、机の下に潜らせ、机の脚の対角を両手でつかませ、窓ガラスや本棚などに背を向けさせる。体の大きい生徒は、頭を必ず机の下に入れさせる。

② 放送や担任の指示で廊下に並ぶ。生徒は前後の生徒がいるかどうかが分かるように出席番号順に並ばせるとよい。

③ 校内は歩く。階段を降りるときは、後ろの生徒が遅れて階段をジャンプしたりしないようゆっくり歩く。

02 火災発生による避難訓練

日頃からハンカチ・タオルを身に付けておくことについて再確認します。

〈訓練が始まったら〉

① 放送に耳を傾けさせる。「火災」であることが分かったら、生徒は窓を閉め、カーテンを束ね、指示を待つ。

② 放送や担任の指示が出たら、ハンカチ・タオルで口元を押さえさせながら廊下に並ぶ。

③ 避難経路は火元から遠ざかる経路を選択する。校内は、地震発生の避難と同じ。

お		✕
おさない		
は		✕
はしらない		
し		✕
しゃべらない		
も		✕
もどらない		
ち		✕
ちかよらない		

「おはしもち」を徹底させる

ダンゴムシのポーズ

机など身を守るために使えそうな道具がない場合は頭を手で押さえ、下のようなポーズで頭や内臓を守る。

＊避難訓練は、実際に災害が起きたときに臨機応変に動けるかどうかが大切となる。ただ、地震や火災が起こり外に逃げるだけでなく様々な想定を考えて行うことが大切。これらの想定を意識して学校全体で年間を通して行っていく。
① 放送機器が故障した場合
② 通常の避難経路に危険が生じる場合
③ 昼休みの避難
④ 登下校中の避難
⑤ 部活動中の避難
⑥ 学年集会中の避難　　など。

03　避難場所での集合について

　校舎の外に出たら、列の一番後ろの生徒が校舎を出たことを確認し、小走りで集合場所まで向かいます。

　集合場所では、担任も在否が分かるように出席番号順で並ばせることと、必ず肩などの身体に触れながら人数を数えます。

　また担任は必ず、教室から出席簿を持っていきましょう。出席簿は公簿ですので、燃えたり、破損させたりしないように扱わなければいけません。

　避難したときのために在籍、在否を書けるメモ用紙などを常時出席簿に挟んでおくと、学年主任や管理職が生徒の人数を把握することが容易になります。

04　教室に戻ってから評価・反省を行う

　全体指導でも管理職から指導があると思いますが、クラスの避難状況については、担任が教室に戻ってから必ず以下の点について指導をしましょう。
① 机の下に適切に避難できたか。
② 廊下におしゃべりせずに並べたか。
③ 走ったり、階段を飛び降りたりしなかったか。
④ 全体で集まったときに、静かに話を聞けたか。

　命を守るために、①〜④が必ず徹底されていないといけないことも含め指導し、できたところは大げさに褒めて、訓練の大切さを考えられるようにさせましょう。

自治意識を育てる生徒会役員選挙

▶ねらい

　集団の一員として協力し、充実した学校生活に主体的に関わる能力を育成する。

▶指導のポイント

　自分たちの代表を自分たちで決める大事な行事であることや、よりよい学校づくりを行う機会になることなど、事前に十分に指導して、生徒一人ひとりの意識を高めます。また、立候補した生徒へは、これからの学校のリーダーとなる意識をもたせられるように指導します。

指導の留意点

生徒会役員選挙の流れ

① 選挙管理委員の決定
② 選挙管理委員会の発足
③ 公示
④ 立候補者の届け出用紙配布・提出
⑤ 立候補者・応援責任者への説明会実施
⑥ 選挙活動
⑦ 立会演説会
⑧ 投票
⑨ 結果発表

担任の役割　実践例

① 立候補者・応援者などの意思確認

　夏休み前の生徒との二者面談や三者面談などで、学年会で挙がった生徒へ生徒会役員への考えなどを確認しておきましょう。もともと立候補するつもりである生徒へは全力で応援する姿勢を見せます。また、悩んでいる生徒やそのつもりでない生徒に対しても、「頑張ってみないか？」と背中を押してあげます。無理強いすることは禁物ですが、担任の先生の一言で生徒は頑張ろうとすることが多いです。不安などはしっかり聞いてあげて、今後のフォロー体制を約束してあげましょう。

② 原稿や演説指導

　立会演説会で、堂々と公約を伝えられるように事前指導をします。生徒が書いた公約内容を添削することはもちろんのこと、個別に演説の練習をしたり、クラスや学年の生徒の前で事前に発表させたりして、立候補した生徒が満足のいく演説ができるように準備してあげましょう。

③ 立候補者へ学級からのエール

　教師は全候補者に対して、平等に応援するものです。しかし、担任としてクラスの生徒が学校の代表となるべくこれから頑張ろうとする姿勢を評価し、クラスのみんなで背中を押してあげることは、生徒にとって大きな力になるはずです。立候補した生徒の士気が上がるように、クラスへ呼びかけをして盛り上げてあげましょう。

④ 選挙が公正かつ厳粛に行われるように、毅然とした態度で臨むように空気感をつくり出す

　立会演説会では、候補者一人ひとりの声に耳を傾け、誰に投票するかしっかり考えさせられるように、事前に指導しましょう。選挙管理委員からも「友達と相談しないこと」などの注意事項がありますが、改めて担任からも最後の指導をして、立候補した生徒一人ひとりの運命がかかっている重さを理解させます。投票の際などは決して私語などないように、無効票を生み出さないようにしましょう。

⑤ 選挙に関わった生徒へのねぎらいをしよう

　選挙が終わったら、まず選挙管理委員の生徒に感謝とねぎらいの言葉をかけ、生徒全員で感謝の気持ちを伝えます。また、結果が発表され、当選した生徒もいれば落選した生徒もいます。ここまで頑張ってきたすべての生徒に対して、その頑張りを称えましょう。誰が当選したとしても、新生生徒会役員会が頑張ろうとすることに対して、生徒会一同が協力していこうと指導していきましょう。

集団を意識させて
自主性を育てる

▶10月の目標

　中学校に入学してから半年がたち、中学校生活にも慣れてきたことでしょう。委員会活動が前期から後期へ切り替わるこの時期は、集団のために行動できるように生徒の自主性を育てていきましょう。1年生ではクラス、2年生では学年、3年生では学校全体と意識するよう、集団の大きさを大きくしていきます。ただし、発達段階に応じて意識できる集団の大きさは異なるため、クラスよりも小さい集団として班を意識させるところから始め、徐々に大きくしていきます。

　班活動や行事などを通して、何事も自分たちで行おうとしたり、まわりの人のためになる行動をしようとしたりする態度を育てていきましょう。

10月の学級経営を充実させるために

生徒一人ひとりに役割をもたせる

　前期の係活動や委員会活動を終えて、10月には後期の係・委員会を決めます。必ず係か委員会のどちらか一つに所属するように係決め、委員会決めをするようにします。生徒一人ひとりに役割を与えることで責任感をもたせたり、集団のために役に立ちたいという気持ちを育んだりしていきましょう。

じっくり待つ

　生徒が自主的に活動している場合には、はじめは口出しをせずに様子を見るようにしましょう。要領が悪かったり、失敗したりすることがありますが、そんなときにすぐに改善策や工夫の仕方を話すのではなく、じっくり待ち、生徒がどのようなことを考えて行動しているのかを把握するようにします。そして、今行っている活動の状況や反省を本人に話させ、それに対してアドバイスをします。

　自主的に考え行動する生徒を育てるためには、生徒自身が考えをもって行動する必要があります。そのためにはじっくり考える時間が必要なので、教師はじっくり待つことが大切なのです。すぐにサポートしてしまい、生徒の成長を妨げることのないようにしましょう。

注意事項

小さなことでも自主性を認めて褒める

　係活動や委員会活動など、自主的に活動していることが見やすい活動だけでなく、掲示物を直す、教室移動の際に電気を消すなど小さなことでも見逃さず、自主的に活動できたこととして評価してあげるようにしましょう。

委員会決め

▶ねらい

　生徒一人ひとりに役割をもたせることで責任感をもたせ、集団のために役に立とうと自主的に行動しようとする態度を育てます。

活動例

① 事前アンケートを実施する

　「学級委員としてクラスメイトの誰を推薦するのか」「やってみたい委員会はあるのか」などを事前にアンケートで調査します。立候補者がいない委員会や、クラスが学級委員を誰に任せたいと考えているのかを前もって把握するのに活用します。学級委員は教員から信頼があるのも大切ですが、クラスメイトからの信頼があるかどうかも見極める必要があるので、学級委員の推薦の欄を設けます。ただ仲の良いクラスメイトを推薦するのではなく、「きまりや約束を守る」「授業をまじめに受けている」「リーダーシップがある」「発言力がある」など、よりよいクラスにするために信頼できるクラスメイトを推薦するように気を付けさせましょう。

② 立候補の意志を確認する

　事前アンケートの結果から学級委員に推薦された生徒に、立候補する意志があるかどうかを確認します。また、立候補者のいない委員会がある場合には、その委員に向いていそうな生徒に声をかけておき、委員会決めの時間に押し付け合いのような雰囲気にならないようにしておきます。委員会が前向きな活動になるために、誰も立候補者がいない委員会をなくすことは大切です。

③ 学活の時間に係・委員会決めを行う

　委員会は学校全体に関わるものなので、係よりも先に決めます。はじめに立候補者を聞きます。立候補者が複数人いた場合には、クラスメイトの多数決で決めます。人気投票ではないので、立候補者それぞれに意気込みを話してもらい、その内容を受けて投票するように指導しましょう。投票は、誰に何票入ったのかが分からないような形で行うように気を付けましょう。

活動後のポイント

　「まわりの人の役に立っている」と実感することで、クラスや学校を自分の居場所であると思うことができたり、自己有用感を高めたりできるようにします。また、これからどうやって学校全体や集団の役に立っていくのか考えさせます。

標準服の着こなし

▶ ねらい

身だしなみを整える意味を理解し、それを実践できる態度を身に付ける。

▶ 指導のポイント

中学校の多くは標準服を定め、伝統として地域に定着しています。

しかし、思春期にある生徒の中には、標準服を着崩すことで自己を表現しようとする者もいます。

「なぜ身だしなみを整える必要があるのか」ということを理解させた上で、常に正しい服装で学校生活を過ごすように促しましょう。

「服装の乱れは心の乱れ」という言葉があるように、身だしなみは生徒の状態を表すサインともなります。生徒の変化を見落とさず、頭ごなしに注意をする前に「最近何かあった？」などの声かけを行い、服装の乱れの背景を探りましょう。場合によっては保護者に連絡をし、情報収集を行うことも必要です。

> いつもはできているのに今日は服装が乱れているわ…。友人関係や家庭の中で何かあったのかしら…

指導の留意点

01 ルールの確認

多くの生徒にとって標準服は小学校ではなかったものです。入学式前の説明会などで生活指導部などから標準服の着こなし方についてプリントなどを配布するとはいえ、ボタンなどが外れていたり、ベルトやリボンなどを忘れてしまったりする生徒が多いのが現実です。

まずは、入学してから早い段階のうちに学年集会などを利用して、標準服に関するルールの確認を各学校が作成している「生活の手引」などを活用して行いましょう。身だしなみに関する部分はラミネートをして教室に掲示し、いつでも生徒が確認できるようにしておくとよいでしょう。

02 身だしなみを整える意味を伝える

「標準服を正しく着なさい」と一方的に伝えても、腑に落ちない生徒は多くいます。「ネクタイが曲がったり、シャツを出したりしている社会人を見て、あなたはどう思う？」などの質問を学活などに行い、生徒に服装を正しく着こなす意味を考えさせましょう。そして、見た目が人を判断する大きな材料となってしまうことを伝えましょう。

> 第一印象の90％以上は外見的要因で決まると言われています。第一印象が悪いと損をすることは確実です

生活委員会　服装点検ウィーク　チェック表

・校則を基準に、生活委員がチェックをする。
・できていない項目に✓を入れる。

検査日	月	日	（	）

年　組 出席番号　名前	標準服	校章 ボタン	ベスト セーター	ベルト	靴下	上履き	ネクタイ

各校の標準服に合わせ、項目を設定する。服装だけでなく、ハンカチや爪、頭髪などの項目を追加し、「身だしなみチェック」として実施してもよい

チェック表はファイリングして1年間保管する。チェック表の横に各校の「標準服の着こなしのルール」を載せておくと、生活委員はそれを基準に点検ができる。

生活委員

生活委員は校内のルールを守るだけでなく、ルールをまわりに広める立場でもある。このような機会を利用してリーダーとしての育成を図りたい。

03　教師が配慮すべきこと

　服装指導は「その場での口頭注意」のようなトップダウンの指導になりがちです。しかし、「なぜ、そのようにしなければいけないのか」を生徒が理解すれば、クラスに身だしなみを守る雰囲気が醸成されてくるはずです。02で示したように生徒に標準服を正しく着用する意味を繰り返し説いていきましょう。

　また、教員が場所と状況に応じた正しい服装に身を包み、範を示すことも重要です。そして、性の多様性の観点から標準服を性別によって固定化したり、無理に強要したりすることがないよう配慮することも大切です。さらに、昨今の校則に対する社会的な意見を踏まえ、柔軟に対応することも求められます。

04　服装点検ウィークの実施

　定期的に標準服の正しい着こなしを意識させるために、生活委員会などを中心として「服装点検ウィーク」などを月一回、もしくは学期に一度設けることも有効です。流れは以下の通りです。
① 各校の標準服に合わせて項目を設定してチェック表を作成する（できれば生活委員とともに考える）。
② チェック表を基に生活委員が放課後などを利用し、クラスメイトの服装を点検する。
③ チェックがついた生徒は週末に直し、翌週のはじめに教員と生活委員で再チェックを行う（生活委員会がない場合は学級委員などが行ってもよい）。

4月　5月　6月　7月　8月　9月　**10月**　11月　12月　1月　2月　3月

生徒で進める
給食の時間

▶ねらい

　生徒一人ひとりが、何をするべきかを考え主体的に行動し、クラスに貢献する態度を養う。

▶指導のポイント

　毎日の給食は、楽しみにしている生徒が多い時間です。

　その給食を早く食べ始めるためにはどうしたらよいのかを、生徒自身が考え行動することで、主体性や集団へ貢献する行動を促すことができます。

◎時間を意識し生徒同士で声をかけ合う

もう45分だよ〜！

◎次の行動を考えさせる

次は何ができる？

盛り付けだ！

活動の展開

01 目標設定

　生徒と話し合いを通じて、給食準備にかける時間の目標を設定していきます。学校によって様々ですが、全体の給食時間が30分であれば、10分で準備をし、20分の食事時間とすることが考えられます。
※目標は、模造紙やICTツールを使用して作成し、教室に掲示しておきましょう。

例）　　　○班活動について
　　　　　・給食準備
　　　12:40　手洗い＆消毒
　　　12:42　ワゴン取りに行く
　　　12:43　盛り付け開始＆配膳
　　　12:48　いただきます♪
　　　　　　　（最低でも12:50）

02 目標達成のメリット

　素早く準備をすることによる利点を生徒に実感させ、行動を促していきましょう。

・早く食べ始めることができる。
・ゆっくり食事を楽しむことができる。
・校内放送をじっくり聞くことができる。
・おかわりすることができる。
・残食を減らすことができる。

　また先生にとっても、生徒の様子をじっくり観察する時間ができます。
　給食当番のみならず、学級全体で目標達成する意識をもたせ、協力的な行動を褒め、一人ひとりがどのような形で学級に貢献できるか考えさせましょう。

◎自主的にお手伝いする行動を褒めましょう！

【準備中】 　　　　　　　【給食中】 　　　　　　　【片付け】

ありがとう！

配膳
手伝うよ～

まだ食べられる～？

皆が食べ終えている
から1班さん片付け
に来ていいよ～！

積極的にクラスに
貢献してるね～！

協力しくれて素敵な
行動だね～！

給食当番が片付けの声かけ
もしてくれるんだね～！

03 みんなで完食！

　生徒は食べきれる量に減らす際に、先生と相談をしながら減らす量を決めていくようにさせましょう。そして、クラス全員が自分で決めた分を、それぞれ完食できたという満足感を感じられるようにしましょう。

　また、まだ食べられそうな生徒には、「食缶も完食しよう」と声かけをし、おかわりや食べられそうな人に配ることを促します。すると、食べられなくて減らした分も、皆で分け合って完食することで団結力が高まります。それも、クラスに貢献する行動として承認してあげましょう。

04 まとめ

　給食の準備から片付けまで、生徒が自分たちで行っていると感じられることが大切です。こちらからの声かけも「行動」の指示ではなく、「今、何をするといいのかな？」「次は何ができる？」ということを考えさせるようにしていきましょう。

　少食や偏食の生徒への配慮を心掛け、遅刻早退の生徒も含めて、学級全体が明るく思いやりのある雰囲気になるような給食にしていきましょう！

4月　5月　6月　7月　8月　9月　**10月**　11月　12月　1月　2月　3月

安全に対する意識を高める

▶ねらい

日常生活の安全確保と自他の生命尊重を基盤として、安全に関する資質・能力を高める。

▶指導のポイント

学校における安全教育は、生徒が安全に関する資質・能力を教科等横断的な視点で確実に育むことができるようにすることです。

自助、共助、公助の視点を適切に取り入れながら、各教科等の安全に関する内容のつながりを地域の特性や生徒の実情に応じて整理し、教育課程を編成することが重要です。

安全指導だより

●●中学校
生活指導部
No. 5　令和●年●月●日

ワークシート7「災害に備える」

年　組　番　名前

ふりかえってみよう！ 災害に備えて、どんな準備をしていますか？
チェックリストにあるものをバッグにつめて、一人ひとつ避難バッグを作ってみましょう。

❶家族と話し合いながら、下のチェックリストを活用して災害に備えましょう。

貴重品
- □現金（小銭をふくむ）※公衆電話用に10円玉、100円玉も
- □印鑑
※以下の2つは現物を持ち出せなかった場合に備えてコピーを入れておく
- □健康保険証
- □身分を証明できるもの（学生証、パスポートなど）
- □予備の眼鏡

情報収集用品
- □携帯電話（充電器をふくむ）
- □携帯ラジオ（予備電池をふくむ）
- □家族の写真（はぐれた時の確認用）
- □家族との災害時の取り決めメモ
- □筆記用具

食料など
- □非常食
- □飲料水

便利品など
- □ヘルメット
- □懐中電灯（予備電池をふくむ）
- □笛やブザー（音を出して居場所を知らせるもの）
- □万能ナイフ
- □使い捨てカイロ
- □マスク
- □ビニール袋
- □アルミ製保護シート
- □毛布
- □スリッパ
- □軍手

便利品など
- □マッチかライター
- □給水袋
- □雨具（レインコート、長靴など）
- □簡易トイレ
- □救急セット
- □常備薬・持病薬
- □タオル

清潔・健康のためのもの
- □トイレットペーパー
- □着替え（下着をふくむ）
- □ウェットティッシュ
- □生理用品
- □歯みがきセット

❷上のリストのほかに、自分が必要だと思う物を書きましょう。

❸家族と相談して、集合場所や約束ごとを決めて、書きましょう。　［保護者の方から］

［担任サイン］

毎年必要なものと、3年間で1回紹介するものとに分ける。保護者のサインなどをもらい、家庭で意識してもらえるようにするとよい。

活動の展開

01 避難訓練の計画と合わせて行う

避難訓練の目的に合わせて、安全指導を行います。

地震発生時に必ず教員や大人がいるとは限らないことから、教室や特別教室はもちろん、体育館や校庭にいるときにも、初期避難行動をどのようにするかを考えさせましょう。

安全指導だよりを作成し、いつでも配布できるようにしておくと避難訓練の質も高まります。

02 生活安全

校内では、登下校の安全はもちろん、保健体育、理科の観察・実験、校外における特別活動、時には不審者進入時の対応などが考えられます。

家庭では、留守番のときや人目に付きにくい場所である屋上や非常階段の危険性などが考えられます。

地域や社会生活では、山や海、川などに出掛ける際や塾、お祭りなどの夜間外出で注意することが挙げられます。

また、スマートフォン、携帯電話、パソコンなどネットやSNSトラブルなどに関することについては常時指導していく必要があります。

〈生活安全〉
新聞によると●●市で、理科の実験中に気体発生によるガラス破損による事故が発生しました。先生の指示に従って実験を行いましょう。

昨日、〇〇町のマンションで火事がありました。皆さん、火事があったら、まずどうしますか？

〈交通安全〉
自転車日常点検チェックシート

～日常点検で大切な箇所とポイント～

点検箇所		点検のポイント	チェック
ブ	ブレーキ	前ブレーキをかけ、力を入れて前に押しても前輪が回らないこと。	
		後ろブレーキをかけ、ペダルの上に立って強く踏んでも後輪が回らないこと。	
タ	タイヤ	サドルに乗った時、タイヤの接地部の長さが6cm～10cmになっていること。	
		傷やひび割れがないこと。	
は	ハンドル	前軸と直角にとりつけられ、しっかり固定されていること。	
しゃ	車体	サドル：両手で力を入れて動かそうとしても動かないようにしっかり固定されていること。	
		ペダル：乗った時、足に感じるペダル軸に曲がりがないこと。	
		反射部：壊れていないこと。汚れていないこと。	
		チェーン：指でチェーンをなでてみた時、カシメ部が固くて曲がりにくいところがないこと。	
		変速装置：ゆるい上り坂でレバーをゆっくり動かしてガリガリいわず作動すること。	
		ヘッドライト：夜間前方10mの路上の障害物が見える明るさ、取り付け位置、角度であること。	
べる	ベル	耳で聞いて、新品に近い作動状態であること。	

年　組　番 氏名

一声指導は、朝の会のまとめの話として、１分以上は話をせず、短くまとめること。顔を上げさせて、意識を向けさせることが重要です。

03 交通安全

中学生となると急に行動範囲が広がります。移動手段には自転車を使用することも多く、正しい乗り方やメンテナンスをすることが重要になってきます。自転車では『ブタはしゃべる』のチェックシートを長期休業前やGW前などに説明し、チェックさせて回収するなど徹底しましょう。

また、自転車事故については、道徳などでも扱います。小学生とお年寄りの事故で賠償金9000万円という訴訟もあります。近年は、スマホ使用による、「ながら運転」も問題になっています。自治体によっては、スケアードストレイト方式のスタントマンによる再現事故の安全指導を行っています。よりリアルに伝えることが大切です。

04 一声(ひとこえ)指導がとても大切

朝の職員打ち合わせでは、生徒指導主任から前日に起きたことの報告を受けることもあります。学年で起きたトラブルなども含め、生活安全に関わる内容については、スピードが求められます。教科や道徳の授業で扱うのでは遅いのです。

そのため、朝の会で生徒を担任の言葉にしっかりと傾けさせて、じっくり聞かせるようにしなくてはなりません。朝の担任からの話が毎日意味のある内容にしないとぼうっと流し聞きしてしまいがちです。ぜひ、一声指導がうまくいくように日頃から充実した話ができるようにしましょう。

気持ちを高める
メッセージ

> 皆で寄せ書き風に手紙を書きます。実行委員に目標を書いてもらいたいのですが

▶ ねらい

　行事に対するクラス一人ひとりの取り組みをねぎらい、当日の成功に向けて気持ちを高める。

▶ 指導のポイント

　それぞれが役割をもって取り組む行事でも、学級委員や実行委員のリーダーが一人悩むことも当然のようにあります。日々の生活の中で感謝しようとしても、面と向かって直接声をかけることは少ないでしょう。

　そこで、行事前に全員から全員へ手紙を書き、当日に読むことでそれまでにやってきたことに自信がもて、お互いの気持ちを一つにすることができます。

> 分かりました！
> 書きます！

活動の展開

01 全員が全員に書くメッセージ

　運動会や合唱コンクールでは、学年内で順位が決まるなど、目標をもたせやすい行事です。そして練習の過程で成長と絆が深まるものです。しかし、やる気や取り組みの差が次第に表れて、時には対立することもあります。自分なりに頑張っていることは間違いありませんが、一生懸命やっているそれぞれの取り組みを認め合うためにも、自分たちの活動についてお互いに励まし、評価するメッセージを書くことでその絆を一層深めることができます。

02 行事には様々な役割をもたせておく

　運動会では、実行委員やリレーの選手などの役割のほかに、委員会活動などでも役割をもっている生徒も多くいます。クラス内では、団体種目のリーダーやクラス練習のときに行う体操でかけ声を出す係、片付けをチェックする係などの役割をもたせます。また、個人種目もあるので、これまでの活動や当日の役割について、生徒が全員に手紙が書けるようにします。

　学級委員や実行委員を中心に、Ａ４の用紙の真ん中にクラス目標や行事の目標とクラス名を書きます。そして、用紙の中央には、自分の名前と役割を書く場所をつくります。

行事に向けた皆からの手紙

担任も教卓で一人ひとりに
メッセージを書き、担任の
名前を書いた手紙も回す

一人あたり1分で中心
に書かれた人へメッセー
ジを書く

中心に書かれた学級目標。
そのまわりには、生徒氏名・
自分の行事での役割を書く

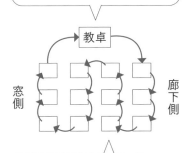

教卓

窓側　　廊下側

1-C
メリハリをつけて、
個性を大事に人を気づかえる
中学年らしい行動をする！
役割実行委員　〇〇〇〇

欠席の生徒は、担任
が役割と名前を書き、
回す。その際次の生
徒の手紙1枚は常に
欠席生徒の机の上に
残るようにする

役割などを参考にしてメッ
セージを書かせると文章量
は自然と増える

行事の当日に配ることで、
皆が応援してくれていると
いう自己有用感が得られ、
より行事を楽しくできる

03 みんなで手紙を書こう

　まず、01で考えさせた目標やクラス名を色上質紙の
真ん中に印刷し生徒に配ります。
① 裏の所定の場所にも名前を、表の目標のところに、
　名前や行事での役割、当日の出場項目などを書く。
　さらに、自分の行事への目標を書かせる。
② その後、廊下側の生徒は後ろに、窓側の生徒は前に
　自分の紙を渡す。窓側の生徒の手紙は教師がもらう
　（上図）。
③ 教師は廊下側の生徒に渡し、1分間を手紙を書く時
　間とする（1分×クラス人数）。
④ 自分の手紙の直前で終了し、手紙は裏の名前が見え
　るように折って担任が回収する。

04 手紙を読む

　手紙を書き終えたら、皆にメッセージを書いてどん
な気持ちになったのか、感想を書かせるとよいでしょ
う。A4の紙であれば、正方形の形の手紙にして余っ
た長方形の部分に感想を書かせます。生徒の行事への
気持ちが読み取れ、担任としても行事に向けて意欲を
評価できるでしょう。また、担任は生徒の手紙を回す
だけではなく、メッセージを書いたり、自分の名前を
書いた手紙も回したり、担任も一緒に参加するとより
一層、一体感が生まれます。
　手紙は行事の日の朝、机の上に置いておくか、実行
委員から手渡させます。手紙を読み、絆の深まった状
態で行事が迎えられます。

4月　5月　6月　7月　8月　9月　**10月**　11月　12月　1月　2月　3月

学習発表会に向けて

▶ねらい

中学校における日々の活動の成果を発表し合い、互いに鑑賞させる。

▶指導のポイント

学習発表会に向けて、校外学習などの総合的な学習の時間で取り組んできた内容をしっかりと発表できる生徒を育てたいところです。

そのために、事前学習と事後学習を丁寧に指導し、誰もが舞台で発表ができるよう計画的に準備を進めていく必要があります。

〈事前学習〉
壁新聞づくり
↓
一人一枚
画用紙づくり
↓
発表原稿づくり
① 調べたところ
② その歴史
③ 見学ポイント
④ 調べた感想
↓
発表練習

●班の発表を行います。
…調べた感想は、実際の大きさが気になったので当日は大きさが分かるように写真を撮影したいです

調べて感じたことや実際に見学したいところをしっかりと伝えられるようにさせる！

活動の展開

01 総合的な学習の時間に校外学習（学校行事など）の事前学習新聞を作成する

校外学習などの課外活動を利用して、班ごとにテーマをもって取り組ませます。例えば、その土地の地理、歴史、名物、寺社仏閣、交通など、班ごとに変えることで、校外学習の学びを広げることができ、どこに何があるのか分かるようになるので、目的をもって当日の行動ができるようになります。

一人ひとりが画用紙一枚分にそれぞれ取り組み、模造紙に貼ることで作業が全員できます。事後学習に備えて、写真撮影の場所や近隣の関連施設なども調べることで、当日の行動はもちろん、その後のまとめもしやすく、テーマを生かすことができる活動になるでしょう。

02 クラス内発表会を行う

発表活動はとにかく練習が必要です。クラス発表はだいたい5〜6班になると思うので、1時間の授業の中で発表をさせると大体6〜7分くらいになります。一人あたり1分の持ち時間になりますから、原稿用紙半ページ（200字）程度の原稿を書かせることになります。分量が分かると内容も絞りやすくなります。紹介したい内容をより具体的にし、新聞づくりにも生かしていけるようにします。

事前学習したことは、教室発表とし、壁新聞にして当日まで廊下に掲示することで、意識を高められるようにしましょう。また、作品展などでも活用できるようにします。

〈事後学習のスライド発表〉

海洋博物館
〇〇船

見学してきたというインパクトを得るためにもスライドには写真を大きめに。原稿はノート（下部分）に記載しておき、担任がいつでもチェックできるようにしておく

〈事後学習〉
スライドづくり
① 調べたところ
② 見学したときの写真
③ 事前学習からの変容
④ 見学の感想

一日目 海洋博物館行った。海洋博物館内では、様々なレプリカの船が置かれていた。入口付近には金やダイヤモンド、パールなどで装飾された船があった。また入ってすぐ、とても大きな中世の船があり、すごいなと思った。他にもコロンブスの乗っていたサンタマリア号が置かれていたり、中世だけでなく戦艦大和のレプリカの船の上に零戦が数機置かれていて、再現度がすごいなと思った。また、ベネツィアにあるゴンドラが実物大で置かれていたり様々な船があった。見ていて楽しかった。更に海洋博物館には、船だけでなくバイクやヘリ、他にも様々な乗り物があった。またこれら全てに説明があって学ぶこともできたので良かった。

人と防災未来センター

1995年1月17日に発生した阪神・淡路大震災の経験と教訓を後世に伝えるとともに、これからの防災・減災・縮災の大切さを未来と世界に発信するために、2002年に設立された災害ミュージアム。

西館と東館があり、西館の2、4階は震災体験や、防災、減災体験が体験できる。3階は震災の記録フロアとなっている。東館の3階はBOSAIサイエンスフィールドという様々なコーナーがある階である。1階はこころのシアターという、震災についての映像が見られる場所になっている。

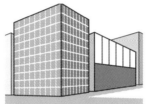

出典：阪神・淡路大震災記念 人と防災未来センター 西塚

プリントアウトして、廊下などに掲示し、作品展の展示にもできる

スライド発表だけでなく、クイズで参加型、演劇でアトラクション型などを盛り込むようにさせる

03 事後学習新聞を作成し、クラス発表会を行う

実際に見学をしてさらに得られた知識、パンフレットなどの資料、そして現地の写真などを掲載し、事後新聞を作成します。

特に、見学場所の最初のイメージから変容があったか、事前学習「④調べた感想」と比べてどのような気付きがあったのかをまとめさせます。また、その場所を多くの人に訪れてもらいたいと思う「おすすめポイント」も発表できるようにします。

新聞は、1人1台端末を使ってまとめていくと、その後の舞台発表にも活用できるのでおすすめです。

04 学年発表会で学年代表を選出する

事後学習では、クラス代表を選出します。よくできた班を1～2班学年の規模から考えて選出し、学年発表会を体育館などで行います。

さらにその中から良い発表を2～3点、文化祭（学習発表会）で発表させます。

また、発表全体の選出だけでなく、演出部門なども設けて、文化祭で一部を発表させ、多くの人が関われるようにします。例えば、クイズや寸劇を行った班は、その部分を文化祭で発表させるとよいでしょう。クラスで取り組んできているものですから、改めて学習発表会のために練習する必要もありません。

生活規律の再確認

▶11月の目標

　11月は生徒の問題行動やトラブルなど、様々な問題が表に出始める時期です。特に中学1年生は、学習のことや友人関係のこと、部活動のことなどでつまずきを感じることがあります。ここで大切なのは、トラブルが起きる前に事前に対処することと、起きてしまったら早めにフォローすることです。表立って出てこない場合は、12月の三者面談で相談されることが多いですが、何か困っていることやトラブルが起きていないか学級の様子をよく把握するようにします。

　夏休みが明けて約束したはずのルールや、大切にしてほしいことがうやむやになるのも11月が多いです。この時期に再度確認し、規律ある学級づくりをしていきましょう。

11月の学級経営を充実させるために

生活面から前兆を把握する

　問題行動が起きたり、学級が荒れたりするときは、生活面に前兆が現れます。生活面で生徒たちに以下のような変化がないかチェックしてみましょう。

・持ち物や提出物などで忘れ物が増えた
・時間が守られない
・教室環境に乱れがある（机、いす、掲示物など）
・床に物が落ちていたり、ロッカーの上に物が置いてあったりすることが多い
・当番活動で手を抜くようになった
・言葉遣いが悪くなった
・服装に乱れがある

　ただし、ここで挙げたものに当てはまっているからといって、すぐにクラスが荒れ始めているということにはなりません。原因が家庭にあることやその他の場合もあるので、生徒たちの変化をよく見るようにしましょう。

トラブルや問題の例

・先輩後輩の上下関係でのトラブル→部活動の無断欠席が増える
・学習へのつまずきから生じる問題→授業中に居眠りをする。提出物を出さない
・行事を通してできた新たな人間関係でのトラブル
・SNS上でのやりとりでのトラブル→教室で一人でいることが増える

定例会でよりよいクラスづくり

▶ねらい

　個人やクラスの良い点、課題を話し合うことで、生徒主体でよりよいクラスづくりをしようとする態度を育てます。また、クラス内においてトラブルや問題行動がないか生徒から聞き取ることで、早めに対処できるようにします。

活動例

　週末の放課後に、学級委員と班長を集めて定例会を行います。放課後に他の活動がある場合には、昼休みなどの休み時間に行ったり、次の週にまとめて行ったりしましょう。定例会では以下の内容について話し合わせましょう。

① クラスの良い点を挙げて、さらに伸ばす

　クラス全体のことや個人のことでもよいので、学校生活の中でよかったことを話し合わせます。その際は、「誰が」「いつ」「どこで」「どのようなことをしたのか」などを具体的に挙げさせ、ここで出た内容は次の週はじめの朝の会などで発表させます。クラス全体で認め合うことで、よい行動をクラス全体に浸透させたり、別のよい行動へつなげたりすることができます。

② クラスの課題を挙げ、改善する

　クラスで起こった問題や、改善するとさらによくなる課題などを話し合わせます。あくまでよりよいクラスづくりのために話し合いをするので、ここで個人やクラスのマイナスな部分を出し合うだけにならないように気を付けましょう。必ず改善するためにどのような策をとるのかを考えさせて、行動に移せるようにサポートをします。

③ その他に気になることを共有する

　SNS上や学校外でのトラブルや悩みを抱えているクラスメイトのことなど実際に聞いた話、いつもと様子が違い気になるクラスメイトのことなどを共有します。ここで挙がった話については、後日該当生徒から話を聞くなどして、事実確認と支援をするようにします。家庭内のことなど難しい内容であることもあるので、学年の教員にも共有し、組織で対応するようにしましょう。

活動のポイント

　放課後は、生徒も教員も様々な活動があるので、使うことができる時間と集まることができる人数のバランスを考えて、上記の①〜③の内容の一部のみを話し合ったり、週末ではなく違う日に行ったり臨機応変に定例会を開くようにします。

　また、生徒同士や家庭内、学校外で起きているものについてはなかなか把握することができません。生徒に直接話を聞くのが最も効果的なので、定期的に行うようにしましょう。

国際理解を推進する

▶ねらい

世界の中の日本を知るために、多くの国々に目を向けて、日本と世界のつながりを知る。

▶指導のポイント

総合的な学習の時間に、個人で国調べを行います。生徒に関心のある国の特徴や日本との関係を調べてまとめさせます。クラスの中で発表をすることで、世界の多くの国々が日本に住む私たちの生活とつながりがあることに気付かせましょう。

自他の文化や考え方を知ることは、共通点や違いを理解し、相手を尊重する態度の育成につながっていきます。

生徒に調べさせたいこと
① 特徴
場所、首都、人口、面積、気候、言語、宗教

② 日本との関係
文化的な違い、歴史的な関係、現在の交流、貿易、旅行客数

スライドのひな型（日本との関係）

🌏 日本との関係　●

① 聞き手が気になるような見出しを書く

② 説明を書く
※短く簡潔に！
※自分の言葉で！

③ 写真やイラストを貼る

活動の展開

調べる国を決める（1時間）

生徒に今後個人で調べていく国を1つ決めさせましょう。そして、その国と日本にどのような関係があるかを調べさせ、特に調べたい内容を1つ選ばせます。国と調べる内容が決まったら、クラスで共有しましょう。1人1台端末のホワイトボード機能を使うと、他の生徒が調べたい国や内容を知ることができ、悩んでいる生徒へのヒントとなります。

【生徒が調べるときに参考になるサイト】
①外務省「国・地域」
②東京都立図書館「世界の国と地域を知る」

02 情報収集・整理（2時間）

調べる国の「特徴」と「日本との関係」に関する情報を集め、メモ用紙にまとめさせます。クラスメイトに興味をもたせる発表にするために、情報を整理するときのポイントを示すとよいでしょう。「特徴」は、日本との「共通点」や「違い」は何だろうという視点、「日本との関係」は、日本に住んでいる今の私たちの生活とどのような「つながり」があるのかという視点で情報を整理させていきます。

マダガスカルからバニラの原料が届いているんだ！

発表の様子

バニラの原料は
どこから届いてい
ると思いますか？

どこだろう？
気になる！

賞状カード

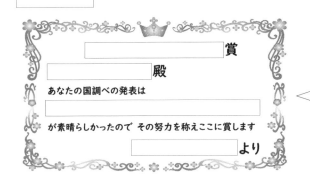

賞

殿

あなたの国調べの発表は

が素晴らしかったので その努力を称えここに賞します

より

賞状に名前、良かった点を書か
せる。全員がもらえるように、
班員全員に加え、発表が良かっ
た生徒に向けて書かせる

03 発表準備（3～4時間）

　1人1台端末のスライド機能を使って、発表資料を
作成させます。異文化の内容でも聞き手がしっかりと
イメージできるように、文字
と画像の両方を示すことを強
調して伝えましょう。その後、
発表時間（2分）を生徒に伝
え、原稿用紙1枚半程度の原
稿を書かせます。特に「日本
との関係」について詳しく発
表するために、特徴は40秒、
日本との関係は80秒という目
安を示すとよいでしょう。

バニラの原料の画像が
あると、みんながイメー
ジしやすいですよ

04 発表（2時間）

　発表順を決め、1人ずつ発表をさせていきます。ス
ライドを用いて「ゆっくり」「はきはき」と発表するよ
うに伝えましょう。聞き手には、それぞれの国と日本
の共通点や違い、日本とのつながりについてキーワー
ドをメモ用紙に記入させます。
　発表後のまとめの活動では、日本と世界の国々のつ
ながりについて、活動の前後で知識や考えがどのよう
に変わったかを振り返りの作文として書かせます。ま
た、相互評価の活動として、クラスメイトへの「賞状
カード」を記入し、その生徒に渡す活動を行うことも
できます。

4月　5月　6月　7月　8月　9月　10月　**11月**　12月　1月　2月　3月

朝読書で行う ビブリオトーク

▶ねらい

　読書を習慣付けるとともに、多様な本の紹介を通じて、生徒の興味や関心を広げる。

▶指導のポイント

　朝のモジュール学習の時間を一定期間「朝読書」の時間とすることで、生徒に継続して読書をする機会を設けます。

　そして、ただ本を読むだけではなく、「ビブリオトーク」という本の内容や感想を他者に伝える活動を行うことで、朝読書をする目的意識をもたせ、より深く本の内容を理解することを目指します。

ビブリオトークのコツ

① 「60秒－90秒－30秒」の時間構成
・最初の60秒＝聴衆の興味を引き付ける
・中盤の90秒＝2つのポイントを伝える
・最後の30秒＝話した内容をまとめる

② 聴衆に投げかける
・「○○は好きですか？」
・「○○をしたことはありますか？」
・「○○についてどんなイメージを思い浮かべますか？」

③ 照れずにハイテンションで
・身振り手振り
・オーバーリアクション
・抑揚のある大きな声
・呼びかける姿勢

活動の展開

01 朝読書

　朝読書は、全校や学年全体で一斉に行いやすい取り組みです。毎日本を読むことで、自然と読書が習慣になっていきます。自分の好きな本や興味がある本を選んで読んでよいというルールにすると、朝読書をする強い動機となります。読書を通じて、その内容に関する知識が増えるだけではなく、読解力や想像力、集中力も身に付くので、学習にも良い影響を与えます。

02 ビブリオトークの導入

　ビブリオトークでは、朝読書で自分が読んだ本の魅力や面白さを、まだ読んでいないクラスメイトに3分間で伝えます。学活の時間を用いて活動を行います。導入では、まずは担任の先生が読んだ本について語り、トークモデルを生徒に示すことで発表のイメージをつかませましょう。そして、聴衆を引きつける発表にするために、発表の構成や話し方のコツを導入で生徒に伝えます。

ビブリオトークは、「人を通して本を知り、本を通して人を知る」活動です

ビブリオトークの流れ

① 役割分担をする

司会者　　　　　　タイムキーパー

② 本について発表をする

みなさんは大谷
選手の高校時代
のことを知って
いますか？

③ 発表内容について質問する

なぜその本を
読もうと思っ
たのですか？

④ 投票をする

Aさんの発表が
分かりやすく、読
みたくなった

03 準備・発表練習

　準備活動として、まずは３分間の話の構想を練ります。「60秒―90秒―30秒」と時間ごとにどのような話題を話すかを生徒に考えさせ、構想メモにアイデアを記入させましょう。その構想をもとに、原稿用紙に発表原稿を作文させます。一方的に話してしまわないように、「聴衆との対話」ということを生徒に意識させることが大切です。作文が完成したら、個人やペアで発表練習を行い、話すスピードや身振り手振りなどを確認させましょう。

04 ビブリオトーク実践

　ビブリオトークは、クラス全体や生活班単位で行います。生徒に、司会者やタイムキーパーなどの役割を分担させましょう。生徒は順番に本について発表をしていきます。聴衆役のときには、発表者が話しやすいような雰囲気づくりをするように指導しましょう。

　発表後には質問タイムを設けて、本の内容や感想について深掘りをします。また、全員の発表が終わったら、「どの本が一番読みたくなったか？」を基準とした投票を行い、チャンピオンを決めるとより活動が盛り上がるでしょう。

トラブルは信頼関係を構築するチャンス

誰もがトラブルのない
学校生活を送りたい

▶ねらい

トラブルの未然防止策とトラブルが起きた際の初期対応策を身に付ける。

▶指導のポイント

10人いれば10通りの考え方があるのは当たり前です。育ってきた環境や価値観が異なり、様々な物事の捉え方、受け止め方の生徒が集まれば、トラブルは起こり得ます。「事後対応」だけではなく、トラブルを起こさない「事前対応」も重要です。

指導の留意点

01　未然防止策

実践事例
（1）学校として、トラブル時の対応方法について危機管理マニュアルを作成し、共通認識をもちましょう。
（2）日頃から生徒のそばにいるように心がけ、生徒の様子（個性、人間関係等）を観察しましょう。
　　例）アンケート、委員会、班長会等
（3）担任として、何が良くて何が悪いのかを明確にしておき、それを生徒に（理由も含めて）伝えておきましょう。
（4）悩みや相談事に対して、話しかけやすい雰囲気（言葉遣い、行動）をつくり出しましょう。
（5）教員間、学年間のコミュニケーションを密にして、生徒の様子を共有しましょう。
（6）校舎内外の安全管理を徹底しましょう。

02　トラブルが起きた際の初期対応

（1）学校内
① 状況を正確に押さえましょう（加害者と被害者、ケガの有無、破損の有無、いじめ問題等）。
② トラブルが起きたらその日のうちに対応しましょう（聞き取り、報告、保護者連絡等。翌日以降に残さない）。
③ ケースに応じた対応を心がけましょう（傾聴、共感、心に寄り添う、押したり引いたり）。
④ 個を認める、間違いを正す、共に考えるようにしましょう。
⑤ 暴力や破壊行為に対して毅然とした態度をとりましょう。
⑥ 暴言（人権上の問題）に対して毅然とした態度をとりましょう。
⑦ 生徒を変えようではなく、生徒自身が変わろうとするきっかけを与えられる言葉をかけましょう。
⑧ 途中で投げ出さず、粘り強く最後まで指導しましょう。
⑨ 保護者の理解を得られるよう努力しましょう（心情に寄り添うことも大切です）。
⑩ 生徒が居場所をなくさないように、該当者だけでなく周囲へのフォローも徹底するよう努力しましょう。
⑪ 事後の様子も見守り、生徒の変容を認めたら積極的に褒めてあげましょう。

トラブルの種類も多種多様

些細なことで起きるケンカ　　仲間外れになっていたら…　　　　不審者対応

SNSを介したトラブルも…　　生徒との信頼関係を築こう　　保護者との信頼関係を築こう

（2）学校外

① 他校生

（ア）毅然とした対応を心がけましょう。

（イ）相手校を確認し、速やかに連絡しましょう。

（ウ）他校からの連絡には速やかに反応しましょう。

（エ）他校生が関わる場合は校内にいる生徒に見させないように配慮しましょう。

　　　例）教室内にとどめる

　　　　　窓から顔を出させない

　　　　　声をかけられても反応させない

（オ）職員の役割分担を明確にしておきましょう（校舎内外の分担）。

② 不審者

（ア）毅然とした対応を心がけましょう。

（イ）生徒の身の安全を確保しましょう。

（ウ）来校の用件を聞き出しましょう。

（エ）個人情報を漏らしてはいけません。

（オ）管理職へ速やかに報告しましょう。

（カ）速やかに警察へ通報しましょう。

（キ）職員の役割を明確にしておきましょう。

03 まとめ

　トラブルが起きると、教員はその解決に膨大な時間とエネルギーを注ぐことになり、公務にも大きく影響することがあります。

　そうならないためにも、トラブルを未然に防ぐために様々なシチュエーションを想定した危機管理マニュアルの作成が大切であり、それを基にした職員の確認の場、定期的な訓練の機会を設けることが大切です。

　トラブルの種類は多岐にわたりますが、その多くは人間関係の些細なトラブルが起因していることが多いものです。特に最近はSNSを介したトラブルが多くなっており、生徒のコミュニケーションスキルの低下が懸念されています。

　教員はまず生徒と積極的に関わり、生徒の個性、特性を知ろう、理解しようと努力することが大切です。そこから生徒との信頼関係を深め、ひいては保護者からの信頼を得ます。

　生徒・保護者からの信頼を得ることで、未然防止と初期対応が成立します。生徒と保護者の声に耳を傾けられる教員でありましょう。

4月　5月　6月　7月　8月　9月　10月　**11月**　12月　1月　2月　3月

計画性を身に付ける定期テスト

▶ ねらい

定期テストに向けて、自分に合った目標や計画を立てて、計画を実行する力を育てる。

▶ 指導のポイント

定期テストでは、生徒に「テスト計画表」を作成させます。自分の目標に向けて、学習内容を具体的に考えさせることが大切です。

また、学習の振り返りや担任からのコメント、クラスメイトとの学習計画の共有によって、生徒に達成感を味わわせ、学習のさらなる動機付けにつなげましょう。

☆計画を立てるポイント

① 平日は1〜2教科、休日は3〜4教科を目標に、授業のように1教科あたり50分学習を基本とする。

② 提出物はテスト3日前までには終わらせる。

③ 苦手な教科を後回しにせず、先に取り組んで対策する。

④ テスト勉強が予定通りにできない場合を考えて、調整日を設ける。また、失敗した原因を分析する。

指導の留意点

01 目標とやるべきことリストを考える

テスト2週間前に、学活で「テスト計画表」の用紙を配布し、授業の中で記入させます。なお、計画表を1人1台端末上で配布することも考えられます。まずは、生徒に「目標」を考えさせます。5教科（9教科）で○点と具体的な得点を記入させましょう。また、提出物にすべて取り組み、出題範囲を網羅できるように各教科の「やるべきことリスト」を作成させます。漢字ノートを3回する、英語の文法のポイントをまとめるなどと記入し、達成したら○で囲むように指導しましょう。

数学の問題集を3回は取り組みたいな

02 計画を立てる

計画を立てることが苦手な生徒もいるので、最初に「計画を立てるポイント」を担任が説明しましょう。初めに、「学習時間」を考えさせます。部活や習い事などの予定を考慮し、平日・休日それぞれ何時間勉強できるかを計算し、記入させます。時間が決まったら、「学習内容」を考えさせます。ここでも具体的に書かせることが大切です。漢字ノートを5ページ取り組む、英単語を20個覚えるなど、「量」を意識させるとよいでしょう。計画は、「やるべきことリスト」をすべてクリアできるように書かせます。

第3回定期テスト計画表　1年　　組　　番 名前 _____

☆今回の定期テストの目標

5教科合計400点以上！ 9教科合計720点以上！（平日は2時間、休日は5時間勉強）

☆やるべきことリスト（終わったら赤ペンで囲みましょう）

国語	社会	数学	理科	英語
□漢字ノート3周	□プリント暗記	□授業ノート見直し	□理科ノート暗記	□英単語暗記
□ワーク終わらせる	□ワーク終わらせる	□ワーク終わらせる	□ワーク終わらせる	□英文法まとめ
□動詞の活用まとめ			□実験まとめ	□英作文練習
美術	技術	家庭	音楽	保体
□資料集暗記	□教科書暗記	□教科書暗記	□プリント見直し	□資料ノート暗記
□デッサン練習	□作図練習	□対策プリント	□用語の暗記	□ラジオ体操暗記

☆学習計画

A：予定以上にできた B：予定通りできた C：予定通りできなかった

日付	学習内容（その日の予定を書いて、実行したら赤ペンで囲む）		学習時間	評価	先生チェック
記入例	国：漢字ノートP10〜16	予	2時間　0分	B	
	英：Unit1〜3の文法まとめをノートにする	実	2時間　0分		

・実行できたものに○をする。

・実行できなかったものは、どこまで取り組むことができたかをメモする。

・実行できた学習時間を記入する。

・達成度をABCで自己評価する。

03 計画表をクラスで共有する

　自分とクラスメイトの計画表の書き方や内容を見比べることで、生徒は自分の計画表に足りないことに気付くことができます。方法としては、生活班の中で計画表を交換したり、1人1台端末上に計画表を撮影した画像を投稿させたりするなどが考えられます。「クラスメイトが工夫していること」や「自分もやってみたいこと」を考えさせ、その内容を伝え合う活動を取り入れることで、クラス全体でテストに向けて学習に取り組む雰囲気をつくりましょう。

Aさんの自分で歴史のまとめノートを作る勉強がいいね

04 振り返り

　計画表を毎日担任に提出させ、取り組み状況を確認します。生徒のやる気を引き出せるように、前向きな言葉やアドバイスをコメントに書きましょう。

　計画表は、実際に達成できているかを次のような方法で振り返ることが大切です。

途中で寝て終わらなかったからC評価だ

予定以上に進められたからA評価にしよう！

4月　5月　6月　7月　8月　9月　10月　**11月**　12月　1月　2月　3月

定期テストで
自己を分析する

▶ねらい

学習計画の修正やテスト結果の自己分析を通じて、自らの学習を調整する能力を育てる。

▶指導のポイント

定期テストは、生徒が自分の学習を見つめ直す大切な機会です。

学習内容、進め方、時間配分などについて、生徒が自分で計画を立てて実行し、修正や反省をすることで、絶えず自分の学びの状況について考えさせ、目標に向けて主体的に学習に取り組ませましょう。

学習計画表の反省（例）

Aさん（計画的にできた生徒）

☆学習計画についての振り返り（テストが全て終わったら記入しましょう）

前回のテストよりも、大切なところを重点的に勉強し、1日2時間のペースで進めることができたので良かったです。テストでは、苦手な国語と社会もスラスラと答えることができました。でも、予定通りに勉強ができなかった日があったので、最初に予定の立て方を見直したいと思いました。次回も計画的にテスト勉強に取り組みたいです。	合計学習時間
	52時間30分
	自己評価(ABC)
	A

Bさん（計画通りにできなかった生徒）

☆学習計画についての振り返り（テストが全て終わったら記入しましょう）

今回はバレーボール部の新人大会がテスト期間と重なり、勉強と部活の両立を上手くすることができませんでした。予定通りに提出物を終わらせることができず、テスト直前に焦ってしまいました。でも、すき間時間を活用すれば、もう少しできたのではないかと反省しています。次回のテストは、もっと早くテスト勉強に取り組み始め、目標の点数を取れるように頑張りたいです。	合計学習時間
	20時間00分
	自己評価(ABC)
	C

指導の留意点

01 学習計画の修正

学習計画が予定通りに進まないときこそ、成長のチャンスです。失敗の原因を考え、計画を見直すことで調整する力が磨かれていきます。予定通りにできなかったことをメモさせておき、今後の学習内容や時間の見直しをするように促しましょう。学習計画表の点検時に生徒に助言のコメントを書いたり、テスト期間の中頃の学活の時間を使って、学級で計画を見直す機会を設けたりするとよいでしょう。

> 今日の学活では、テスト期間後半の1週間の予定を見直しましょう

02 学習計画表の反省

各教科の「やるべきことリスト」がどれくらい達成できたか、日々の「学習計画」を予定通り遂行できたのか、合計学習時間は何時間だったかなど振り返りの視点を示し、生徒個人に反省を書かせましょう。後日、生徒の反省や学習時間を学級通信で紹介すると、生徒は自分とクラスメイトの学習を比較し、自分に足りないものを考えることができます。

> 数学に時間をかけすぎて、英語があまり学習できなかった

テストの結果の自己分析シート

（1）テストの目標の達成率を数字で表しましょう　　達成率：　　　％

（2）度数分布表を見て分かったことを書きましょう。

> データを基に、分析したことを記述させます

（3）今回のテスト勉強で成功した点／失敗した点を書きましょう。

成功した点：

失敗した点：

（4）次のテストに向けて、今後の学習で頑張ることを書きましょう。

> 次のテストに向けて、意気込みを書かせることで、学びをつなげていきます

03 テストの結果の自己分析①

　各教科の答案の返却が終了したら、個人票や得点の度数分布表を配布し、データを基にテストの結果を生徒個人に分析させます。ここでは、度数分布表の見方を生徒に教えましょう。平均点を目安にするだけではなく、分布から自分が集団の中のどの辺りに位置しているのかを読み取り、分かったことを記述させることで多角的に現状を把握させます。

(人)

(点)

04 テストの結果の自己分析②

　今回の学びの結果を次の学びにつなげていくために、テスト全体の振り返りを行います。

　目標を達成できたか（できなかったか）、成功（失敗）の要因はどこにあるのかを考え、次のテストに向けて家庭学習やテスト勉強の改善点を挙げさせます。

　また、テスト結果のさらなる活用として、テスト結果や自己分析を保護者に見てもらい、生徒へのコメントを書いてもらったり、保護者との面談時の話題としたりすることもできます。

2学期の振り返りを
3学期の見通しへ

▶12月の目標

　12月は成績処理、通知表作成、三者面談準備、冬休みの準備など、担任の先生はやることがたくさんあります。生徒にとっては、2学期の振り返りをするとともに、小学生から中学生になった1年間の振り返りの時期でもあります。環境が大きく変わった中で成長できたことを実感し、次の学年に向けて3学期も頑張ろうとする態度を育んでいきましょう。

　また、自分の成長だけではなく、まわりのクラスメイトの成長にも目を向けさせ、互いにそれを認め合うことができるように学級経営していきましょう。

12月の学級経営を充実させるために

三者面談で振り返りをする

　三者面談は生徒、保護者、担任でじっくり話すことができる大事な時間です。これまでの生活の振り返りを生徒本人に話させます。また、保護者の話を聞くことは普段なかなかできないので、生徒のことについて話してもらい、三者で共有するようにしましょう。

　　【話す内容】
　　① 成長したことや頑張ったこと
　　② 次の学年に向けて3学期に改善すべきこと
　　③ 悩んでいることや相談したいこと

　それぞれのことがらについて生徒本人と保護者に話してもらったら、担任としてどのように捉えているのかを話しますが、なるべく生徒が3学期を前向きに生活できるような話をしましょう。

通知表の総合所見で担任としての思いを伝える

　通知表の総合所見は、担任から生徒たち一人ひとりへの愛のあるメッセージです。生徒たち一人ひとりの成長したことを認めてあげ、3学期への励みとなるようにしましょう。大きなことでも小さなことでも、生徒の様子を普段からよく観察するようにし、総合所見では具体的にそれを評価してあげてください。

　また、次の学年のことを意識しながら3学期を過ごしてもらいたいので、次の学年になるまでに改善しておくべきことがあれば伝えるようにしましょう。ただ改善点を述べるのではなく、どのようにすればよいのか、解決策も記述するように気を付けてください。

注意事項

数字以外のことにも目を向けさせる

　定期テストや通知表が返却されると、生徒は点数や評定などの数字を気にしがちです。しかし、人間のよさはそのような数字で表されるものではありません。自分の人となりに目を向けさせ、大事にするように指導しましょう。

学期の振り返りをする（自分で作る通知表）

▶ねらい

　学期の振り返りを通して、自分の成長できたことや頑張ったことに気付き、3学期も前向きに生活しようとする態度を育てます。また、次の学年に向けて改善点を振り返ることで、3学期の生活の仕方に見通しをもたせます。

活動例

　学活の時間を使って、学期の振り返りシート（自分で作る通知表）に取り組ませます。3学期の行動や生活の仕方につなげていきたいので、内容を具体的に書かせるようにしましょう。記入させる内容については下の図を参考にしてください。

　クラスや学年、学校のために頑張っている人とその行動について記述させましょう。良い見本を真似して、まわりのためになる行動をしようとする生徒を増やすことができます。また、クラスメイトから良い見本であると評価された生徒もクラスメイトから認められたことで、さらにまわりのために頑張ろうという姿勢になり、相乗効果を得ることができます。

活動後のポイント

　学期の振り返りシート（自分で作る通知表）を記入させたら、休み時間を使って一人ひとりとその内容について話しましょう。三者面談の際に活用したりすると3学期に意識して生活しやすくなるので、ただ記入させて終わりにしないように気を付けましょう。また、自己評価に記述された内容は、通知表の総合所見などにも活用することができます。

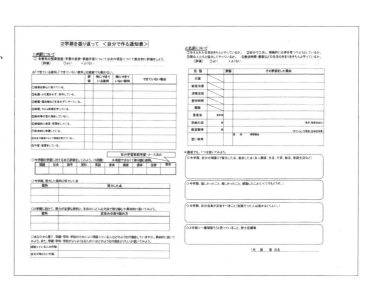

信頼関係を育む日誌指導

▶ねらい

クラス全員とのコミュニケーションを図ることで、生徒の日常での変化に気付けるようにする。

▶指導のポイント

日誌の活動は、生徒が次の日の持ち物や予定を書き込む確認をするためのものです。しかし、担任としては、ただ書いてあることをチェックするだけでなく、毎日の学校生活の中での情緒が安定しているのか、生徒の心の変化などが分かります。

日々生徒の様子を把握できるように努めましょう。

荷物を入れた後、かばんは机の上に置かず、床に置かせ、きちんと日誌を書ける環境をつくります。ちゃんと書いてない生徒は「さよなら」の後、呼んでチェックをします。

活動の展開

01 明日の予定と持ち物を書く

社会で信頼を得るためには、時間を守り、忘れ物をしないことが大切です。明日の予定を確認し、持ち物を意識できるように指導を継続しましょう。

帰りの会には、教科ごとの連絡が黒板などを使って伝えられるので、日誌に記入させましょう。忘れ物、宿題忘れがないようにするために、提出物はその他の欄に記入し、期限を書かせます。慣れてくると日誌を持ってくることを忘れたり、出さなかったりする生徒が出てくるので、かばんを机の上には置かせないように指導します。

02 1日のタイムスケジュールを書く

起床時間・就寝時間は、毎日書かせるようにします。なぜ早かったか、遅かったか。就寝時間で身体の動きも変わってきます。その日にやることが多かったのか、時間を無駄にしただけなのかを自分自身で考えさせることが大切です。

過ごした時間をグラフ化（可視化）して時間の使い方を客観的に見ると、無駄な時間を削ろうと意識できます。学習時間を確保できていたか、テレビやゲームの時間が長すぎないか。自分でできるようになるまで繰り返し指導していきましょう。

日誌は市販のものもあるが、著者は製本した
Ｂ６サイズのものを年２冊使用している。

特別な持ち物は色ペンを使って書かせる

細かく時間を記せるようにして毎日チェックし、指導する

段々慣れてきて、家でもきちんと開くようになって、忘れ物も減ったよ

すべての行を埋めて150字ほどを5分くらいで書けるようにしたい

03 感想や反省を書く

　その日あったことや出来事、学校のこと、家でのこと、世の中のこと、先生への発信等を自分の言葉で書かせます。

　一言で終わらせず、文章になるよう理由を含めて書かせるとよいでしょう。入試では、小論文や作文、自己PRも含め、志願動機など、理由を求められることが多いので、日常の出来事を説明することを繰り返し、文章力を高められるように促します。

　そして書いてきた日誌は、卒業時に３年間の自分の成長の足跡にもなります。

04 感想を読んで返信する

　日誌は連絡帳であり、スケジュール管理帳であり、担任とのコミュニケーションの手段でもあります。毎日、クラス全員の生徒と話をすることは難しくても、日誌のコメントであれば、空き時間を使って平等に返信することができます。なかには、友達や家族との悩みなどを書く生徒もおり、心の変化に気付くこともできます。また、いつもたくさん書く生徒が「疲れた」などの一言で終わらせているときは、日誌へのコメントだけでなく、直接話を聞くようにします。生徒とのよりよい関係を築き上げるためにも重要な取り組みです。毎日書くことが当たり前になるように、隙間時間を使ってできるだけ毎日返信をしましょう。

課題を共有する三者面談

面談の資料としても使用するので、評価の理由をしっかりと書きましょう

▶ねらい

学校内や家庭内での状況や生徒の今後の生活について共有し、改善点を考えて本人、保護者、教師がどう関わるかを考える。

▶指導のポイント

中学生となり自我が芽生え、思春期の入り口に立ち始める頃です。生徒によっては、保護者と話をする機会や時間も減り、多くを語らなくなってきます。

また、学校の顔と家庭の顔も違います。良いところを見つけて褒めるとともに、保護者から課題を聞き出していくことが大切です。

振り返りシート
振り返りシートは学期の振り返りとして、家庭生活・学校生活・学校行事・学習面に分けてA〜Dの4段階に分け、肯定的か否定的かの理由を考えさせるようにします。

家庭学習はCかな。部活動が忙しかったのもあるけど、帰ったらすぐやるようにしよう

展開

01 振り返りシートに書かせる

学活の時間を用いて、振り返りシートを書かせます。特によくできたこと、できなかったことについては、きちんと理由を書かせて、次の学期への課題として、どう変えていけるかも書かせるようにしましょう。毎日の班活動の係や委員会はもちろん、行事での役割も含め自己評価をする項目を立てておくと、自分がその学期に一番頑張ったことが見えてくるようになります。

時間があれば、三者面談の前に二者面談を行い、生徒の課題について先に話し合って、今後どうしていくのかを一緒に相談しておくと面談もスムーズに進みます。

02 まず、自己評価を本人からさせる

面談の主役は生徒です。保護者に主導権を握らせないように教師の司会で、コントロールをしましょう。

生徒に入学してここまでの学校生活の良かったこと、もっと頑張りたいことを丁寧に話をさせていきます（生活面→行事面→学習面→一番頑張ったこと）。

振り返りシートを読み合わせながら行います。シートはコピーをとって教師の手元にも置き、生徒が言葉に詰まったら、どこを読めばいいか示してあげましょう。

教師が主導権を握り、生徒のこれまでの活動を話をさせ、今後の改善方法まで相談します。

聞きたいことは、たくさんあるけれど、どうしよう。家に帰るとだらしない、ゲームばかり…ついついイライラしちゃうのだけど

ゲームを止められないことが課題です。今後は、1時間までにします

集中するとテスト前もよく勉強するので、よい方向に向けてもらえたら…

集中して取り組めることが長所ですよね。お子さんのどんなところを伸ばしてほしいですか?

それでは、本人がここで約束した通りに、これからは時間が守れるように家庭でも様子を見てください

良いところを先生は分かってくれている。学校でも伸ばしてほしい。分かってくれていてよかった

03 学校での様子を保護者に話す

以下のように担任から生徒の自己評価を補足していきます。

・良いところを褒める(1分)。
・評価の低いところを今後どうしようと考えているか、聞き、教師のアドバイスを話す(3分)。
・人間関係でまずいこと(あれば)を指摘する(他人の持ち物をとる、物を大切にしない、言葉の暴力、暴力など)(1分)。
・来学期に頑張ってほしいことを伝える(2分)。

このように、生徒の振り返りシートに合わせて的確に保護者に伝えます。

04 保護者から育ててほしいところを聞く

続いて、これまでの学校生活について質問があるかを聞きます。

気になる点は様々あるかと思いますが、生徒の課題がはっきりしていて、学校生活の中で褒めるべき点がある場合には、そこまで掘り下げてくる保護者はあまりいません。

また、課題がある生徒については、保護者、教師、本人の三者で継続できる約束をします。同じ失敗をしないように今後も連携を取って約束が守れているか定期的に確認します。質問の最後には必ず「〇〇さんのどんなところを伸ばしてほしいとお考えですか?」と聞き、来学期以降の指導の目標にしましょう。

計画的に取り組む大掃除

中学校生活の中では、校内での清掃活動のほかに、学校周辺の清掃活動といったボランティア活動も美化活動に入ってきます。担任として、地域をきれいにしよう、きれいにして良かったと思えるような言葉がけをしながら、一緒に活動し、奉仕の精神を育成したいものです。

▶ねらい

生活環境の保全、美化を自ら行えるようにする。

▶指導のポイント

美化活動を通して、自分たちの生活環境は自分たちで整えていくことの大切さを実感させます。

協力することで効率よく活動ができることに気付かせ、環境美化を通して責任感、達成感を味わうことで「やらされている」から脱却した活動を行います。

活動の展開

01 掃除当番表

年度当初に各クラスの掃除分担が決まります。給食当番などとともに、掃除当番もローテーションを組みます。誰が見ても分かりやすい当番表があるとよいでしょう。また、各掃除場所に必要な道具があるか確認をします。

02 掃除道具と使い方

家庭で箒や雑巾などを使って清掃することも少なく、小学校とは違う道具もあるかもしれないため、使い方を指導します。その際、用具を丁寧に扱うことや、片付け方も説明します。また、美化委員などと、破損チェックや、雑巾を新しいものにするなど、気持ちよく活動できる環境も整えておきます。

大掃除

机や椅子を裏返し、脚の部分の埃などを取ってから大掃除をスタート。二人組で一緒に裏返したり、拭き合ったりするとスムーズです。

掃除場所が増え、時間も長い大掃除。学校行事のような感覚と普段とは違う雰囲気なので、やる気をもって掃除する生徒たちが増えます。そのため、時間や人数に見合う作業内容、掃除場所を担任として事前に把握しておきましょう。その際、専用の道具や洗剤等も準備します。担任も一緒に掃除をしながら、適材適所の指示を出します。ただし、ロッカーなど重いものを運ぶ、高い位置での作業は安全に考慮し、必ず教員の目があるところで行うようにします。終了後は、きれいになった場所を全員で確認すると達成感の共有もできるでしょう。

03 掃除方法

学校や、学年で掃除方法が統一されている場合があります。例えば、教室掃除の際、すべての机を後ろに移動させる場合もあれば、そうでない場合も。楽な掃除をやりたがる生徒たちもいますが、クラス替えをしても困らないよう、指導していく必要があります。

04 振り返り

美化活動が終わったら、挨拶をして終わり、ということが多いですが、短時間でも振り返りをしてみるのもよい方法です。

今日どこを頑張ったのか、次回どこを頑張りたいか、反省、熱心に取り組んだ人の紹介など、1回1テーマであれば、時間をかけることなく、次回の美化活動へとつなげることができるでしょう。

明日は溝も
見てみよう！

4月　5月　6月　7月　8月　9月　10月　11月　**12月**　1月　2月　3月

学級委員の意識を育てる

学級委員を決めます。「成長したい」「クラスをよくしたい」と思う人にやってもらいたいです。
先生もやり方も含め全力でサポートします

▶ねらい

　クラスのリーダーとして信頼され、そしてクラスメイトを良い方向に導く生徒を育成する。

先生が教えてくれるなら私にもできるかな

▶指導のポイント

　担任教師が支えることを約束した上で、やる気のあるリーダーを選出します。責任感のある仕事に取り組ませ、クラスのために行う活動でリーダーを育てます。活動を褒め、クラスメイトに感謝の気持ちをもたせ、お互いの信頼関係も深めます。

　そして、誰もがリーダーをしてみたいという気持ちを育てていきます。

誰も出ないなら、やってみようかな。どうしようかな

活動の展開

01　学級委員は立候補で選出する

　中学校で集団行動をさせる中で一番育てていきたい存在はリーダーです。

　まず、担任がリーダーの条件を語りながら、クラスのために頑張ってほしいという願いをクラス全体に伝えることが重要です。推薦ではなく、当人が「やりたい」または、「誰も出ないならば、クラスのためにやろう」という自発的な気持ちのある生徒にやらせます。その想いがあれば、多少の困難があってもその責任感を保持して成長してくれるものです。時には励まし、時には厳しくリーダーを育てることで、学級はもちろん、やがて学年や学校を引っ張るリーダーとなっていきます。

02　責任感をもたせる仕事

　クラスの生徒が学級委員をリーダーとして認め、そのリーダーについていくようにさせるために、信頼を得られる行動を心がける必要があります。信頼を得る行動は、担任教師が活動の中で与えていきます。
① 朝の会で一日の連絡と帰りの会で明日の連絡をさせる。
② 明日の時間割を黒板に書かせる。
③ 集合時に点呼をさせる（男子学級委員は学年主任、女子学級委員は担任に報告）。
④ 学活・総合・道徳などの話し合いや発表時の司会をさせる。

朝、学級委員には担任から直接連絡内容を伝えるために５分ほど早く登校させたり、職員室前や下駄箱に連絡黒板を用意して確認をさせる。

今日は臨時中央委員会、場所と時間は……

クラスの課題の例とイベント一覧
① 給食時間中に準備をするのが遅い
　全員着席プロジェクト：全員が着席完了するまでの時間を測る。
② 家庭学習時間が短い
　家庭学習時間チェック：全員に前日の家庭学習の時間をチェックする。
③ 挨拶の声が小さい
　日頃から声を掛け合うようにする。
　ありがとうWEEK：お互いにありがとうと伝え合い、言われた、言った回数を数える。
④ 発言が少ない
　30秒スピーチ：帰りの会で日直が学級委員の決めたテーマでスピーチを行う。

連絡黒板

楽しそうに活動することで、リーダーを経験したいと思わせる。次はやってみたいと思う生徒も出てくる！

03 クラスイベント（行事）の取り組みを計画させる

　１～２週間に一度、学級委員や班長と会議を行い、クラスの様子について聞きます。生徒は、様々な課題を真剣に検討してくれます。私たち教師が思っている以上に多くの課題が出てきます。その内容を踏まえ、イベントを計画させ、実践させることでさらなる信頼関係を築けるとともに、リーダーたちの企画力、行動力を高めます。その達成感やリーダーに憧れたり自分もやってみたいと思う生徒も出てきます。

04 クラスイベントを行わせる

　リーダーたちが話し合った内容の一例から実際に行ったイベントを紹介します。こんなことができるのではないかと教師がヒントを与えてみましょう（①～④は上記）。
⑤ 朝の登校時間が遅い
　朝の登校時間チェック。始業５分前までに登校できた生徒の数を数え、目標人数を期日までに達成させる。
⑥ テスト前に集中ができていない生徒がいる
　学級委員・班長による定期テスト復習確認問題を作成し、テスト前の帰りの会などで取り組ませる。
　取り組んだことは、アンケートをとらせて有効だったかを確かめたり、リーダーに感謝の気持ちをもたせたりすることで、お互いの絆も深まり、クラスの団結力も高まることでしょう。

小中の連携を図る
生徒会サミット

▶ ねらい

　小学生との交流を通じて、中学校での自分の成長に対する自覚と責任感をもつ。

▶ 指導のポイント

　小学生と中学生の交流行事である「生徒会サミット」を行います。

　委員会紹介や質疑応答を通して、小学生に中学校生活のことを知ってもらうとともに、学校生活を見つめ直し、小学生の頃と比較して自分がどれくらい成長できたのかを実感することができます。

▶ 小中交流行事の方法

① 直接交流

中学校を小学生に訪問してもらい、体育館に児童と生徒が集まって行う方法。

② オンライン交流（同期型）

Web会議ツールを用いて各教室のパソコンをつなぎ、同時刻に交流を行う方法。

③ 動画交流（非同期型）

事前に撮影した動画を共有し、各校の都合のよい時間帯に視聴する方法。

活動の展開

01 委員会の紹介

　中学校の委員会を紹介するために、各委員会の生徒が集まって紹介内容を話し合います。中学生にとっても自分たちの活動を振り返るよい機会になります。教員も自分の担当の委員会をサポートします。委員会の日常的な活動や月ごとの企画の説明を考え、発表に必要な資料を作成させましょう。実際の活動の様子を映像録画して見せると、小学生にも伝わりやすくなります。

02 小学生からの質問

　あらかじめ、小学生から中学校生活に関する質問（授業、部活動、学校行事など）を中学校に送ってもらいます。そして、質問に対する回答内容をクラスの中で話し合います。班ごとに担当する質問を分担すると、効率的に進められるでしょう。小学校との違いに着目したり、自分が実際に中学生になって経験した感想を交えたりするとよいことを伝えましょう。

中学校の授業で驚いたことを挙げていこう

生徒会サミットの流れ

① 小学生、中学生が体育館に集まり、代表生徒の司会進行で進めていく。

② 小学生が委員会活動について紹介する。

③ 中学生が委員会活動について紹介する。

④ 小学生からの質問に中学生が回答する。

中学校の定期テストでは、計画的に勉強することが大切です

03 生徒会サミット

　小学生に中学校を訪問してもらい、体育館で交流を行います。中学生には、小学生のお手本となる態度で参加する意識をもたせることが大切です。儀式的行事と同様、制服の着方、姿勢、返礼などを学級で事前に指導しましょう。サミットでは、委員会紹介や質疑応答で代表の生徒が発表します。事前にしっかりと練習するとともに、クラスの代表としてクラス全体で送り出す雰囲気をつくりましょう。

先輩として、かっこいい姿を見せよう！

04 カードの交流

　サミット終了後、学級で小学生に向けたカードを書きます。中学校ならではの活動を紹介させたり、小学生へのメッセージを書かせたりしましょう。小学校に送るため、誤字がないか、不適切な内容がないかを教員が必ず確認してください。記入後、カードを模造紙に貼らせ、小学校への中学校からの1つの贈り物としてまとめましょう。反対に、小学校から送られるカードは廊下などに展示をし、自分たちの発表を小学生にどのように受け取ってもらえたかを確認させましょう。

部活動の面白さを伝えよう

2年生の「0学期」

▶ 1月（3学期の学期開き）の目標

　冬休みを終え、新年の切り替え時は、生徒も新しい気持ちで目標を立てやすく、気持ちを改める絶好の機会です。この機会を利用し、気持ちを前向きに切り替えられる学級経営に努めます。残り3ヶ月で進級する1年生にとっては、3学期を「2年生になるスタートを切る0学期」と位置付け、この学期を丁寧に過ごすことの大切さを伝えていくとよいでしょう。

　3学期は百人一首大会や校外学習、球技大会などの行事があることが多いです。他の学級との交流により学級外の同級生への理解を深めることは、2年生での学校生活にもつながっていきます。

1月の学級経営を充実させるために

新年の抱負を素直な気持ちで表す機会をつくろう

　「新年の自分の気持ちを表す漢字一文字」を選んで書き、なぜその文字を選んだのか理由を書きます。一文字に抱負を表し掲示します。2年生「0学期」と位置づけて3学期の大切さを伝え、「どんな2年生になりたいか」「そのために3学期はどのような意識をもち、どのようなことに取り組むか」について学級で取り上げ、互いの考えを共有することで意識付けを図るとよいでしょう。

1月は12月の三者面談をつなげて生かそう

　12月に多くの学校で三者面談を行っています。面談で話題にした「生徒自身が頑張ろうとしていること」や2学期末の反省で出た課題について、生徒に「どう取り組んでいるか」を聞き、声をかけます。担任の先生が自分の頑張りを見ているから頑張ろうと生徒が思えるように働きかけましょう。

　面談の際、教科担任から生徒の課題が挙げられていた場合には、3学期に入って改善されているか、授業の様子を聞き取り、改善できていない場合には改善方法を生徒と一緒に改めて考え確認する機会をもちましょう。また、保護者から我が子の心配事が伝えられている場合には、学校公開で保護者が来校されているときをつかまえたり、学校から電話をしたりするなどして、生徒が学校で頑張っている様子を積極的に伝えていきましょう。

注意事項

生活リズムを立て直す、最初の1週間の声かけが重要

　冬休みは、昼夜逆転の生活が続き生活リズムが崩れている生徒もいます。学期始めの数日間は、生徒一人ひとりの表情や行動をよく観察して、生活リズムの崩れを早く立て直せるように声かけをしましょう。

冬休み明けの学級活動

▸ ねらい「級友と語る楽しさを味わい、学級への所属感を思い出す」

　冬休みは家庭で年末年始を過ごしている生徒たち。学校生活から離れ、家族や親戚の輪の中で人とのつながりを深めている生徒もいれば、厳しい家庭環境で過ごさなければならず、新学期を待ち望んでいた生徒もいるなど、生徒を取り巻いていた状況は様々なはずです。新学期の学級活動では短い時間でもよいので学級で過ごす楽しさや心地よさを思い出す時間をつくってみましょう。

活動例

① 次のようなカードを何種類か用意し、封筒などに入れたものを生活班の数分用意しておきます。

② この時間は「級友とのおしゃべりタイム」と称して、ざっくばらんに会話を楽しむひとときにすることを伝えます。

③ 質問カードに書かれている項目を黒板に提示し、それぞれのカードを引いたらどのように答えるかをあらかじめ考えさせておきます。

④ 生活班になり、おしゃべりする順番をじゃんけんなどで決めさせます。

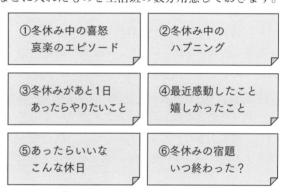

①冬休み中の喜怒哀楽のエピソード	②冬休み中のハプニング
③冬休みがあと1日あったらやりたいこと	④最近感動したこと嬉しかったこと
⑤あったらいいなこんな休日	⑥冬休みの宿題いつ終わった？

【級友とのおしゃべりタイムの質問カード】

⑤ 班ごとに順番にカードを引いて、その項目について1分程度話をします。

　　もし、話す題材がない場合には、もう一度カードを引いてもよいことにします。

　　聞いている人にはおしゃべりをしている人が話をしやすいように「うん、うん」とうなずいたり「へぇ〜、そうなの〜」と反応したりしながら傾聴して聞くように促します。

⑥ 伝え終えたら、発表者は「何か質問はありますか」と班員に聞くように指示をしておきます。話がさらに楽しく盛り上がるような質問ができるとよいと伝えましょう。

⑦ 担任はすべての生活班のメンバーが全員発言したことを見届けます。さらに活動を続ける時間があれば、班のメンバーを入れ替えて「級友とのおしゃべりタイム」を行います。

活動のポイント

　「どこに旅行へ行ったか」など、冬休み中の家庭の状況が分かってしまうような質問項目ではなく、当たり障りのない質問項目にしておくことが級友とのおしゃべりタイムが盛り上がる秘訣です。

安心感を与える
教室掲示

▶ねらい

生徒が授業に集中し、安心して生活できる教室環境を構築する。さらに、生徒が所属感を抱ける場を構築するようにする。

▶指導のポイント

教室環境の整備のため、教室内巡回を出勤時と退勤時に担任自身が行います。破損物の有無、画鋲が外れている、掲示物が剥がれかけている、掲示物や机、イスが曲がっている、ごみが落ちている、期日の過ぎた掲示物が張られたままになっている、黒板がきれいになっていない等、気になるところがないか、常に確認を怠らずに行うようにします。

ユニバーサルデザインを活用すると…

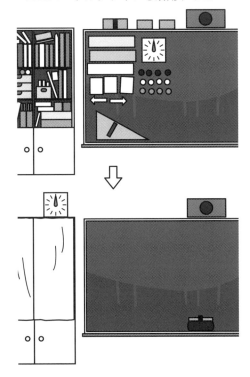

指導の留意点

01　実践事例A

ユニバーサルデザインを活用する
　＝　精神的な安心感・安定感を与える

まずは、教室の前面（黒板周辺）には掲示物を極力排除（時計、教育目標、クラス目標、時程表程度）し、生徒が黒板、授業に集中しやすい環境を整えましょう。

日時、日直等の表記に関しては、書くより貼ることで字体の煩雑さを防ぎます。また、文字よりも視覚的な掲示（掲示物の裏面に磁石を貼る）を優先しましょう。ラミネートを活用するのも効果的です。

02　実践事例B

担任色（学級色）を前面に出す
　＝　所属感を熟成する

学年のスローガンや学級のスローガン（目標）を教室前面に掲示しましょう。その際、学年色、学級色を活用し、所属感を高めます。

年間予定、月予定、時間割、連絡黒板（ホワイトボード）、当番表等、担任がすぐに確認、連絡できるように前方に掲示しておくのもよいでしょう。

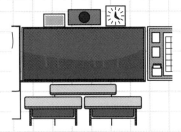

担任・学年の思いが溢れる教室掲示（例）

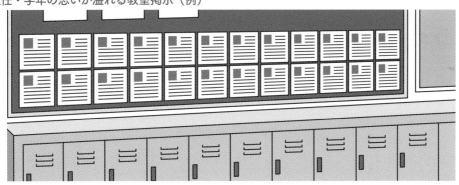

人権への配慮

・生徒の作品には直接画鋲を刺さない（ホルダーの使用）ことが望ましいでしょう。
・氏名の間違いがないように留意します。
・敬称に留意します。

掲示物にはラミネート＆磁石が有効

生徒と共に作る掲示物

・生徒にも表記や掲示物を作ってもらい、所属感を醸成するのも大切です。
・全員に何らかの形で関わらせる活動があると生徒たちも楽しめます。

03 生徒の活躍の場を広く紹介する

　行事の写真（体育祭、移動教室、合唱コンクール等）で、生徒の活躍の場を紹介し、生徒同士がお互いを認め合える環境をつくります。

　保護者が来校（公開授業、保護者会等）した際の、保護者同士のコミュニケーションツールとして活用しましょう。

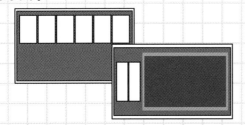

04 まとめ

　教室掲示には、
① 学校としての経営方針
② 学年、担任としての学級経営方針
が色濃く表れます。担任がやりたい掲示方法があったとしても、学校の経営方針を無視して掲示するわけにはいきません。また、学年としての方針があるにもかかわらず、担任が勝手に好きなようにやることも問題があります。

　担任は管理職の学校経営方針を理解した上で、学年主任をはじめとする学年の先生方とともに、生徒にとってよりよい教室環境を整えていくことが大切です。

　このため、日頃から掲示物の掲示の仕方や状態に目を向けながら、生徒にとって安心できる教室環境をつくり上げていくためのアンテナを張り巡らしておきたいですね。

居心地がよい
教室環境

▶ ねらい

　学習しやすく、居心地がよい教室環境を自ら整備する力を育てる。

▶ 指導のポイント

　人間の心や言動は、環境に大きく左右されます。整理整頓された教室環境は生徒の授業中の集中力を高めるだけでなく、落ち着いた学校生活を送るために必要不可欠です。

　最初は教員が主導しながらも、最終的には生徒が自主的に過ごしやすい教室をつくる態度を育てる取り組みを進めていきましょう。

> 黒板掃除のしかたの例。ラミネートして掲示しておくとよい。水ぶきをしてよいかは使用している黒板の種類によるので確認が必要。

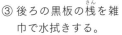

黒板掃除のしかた

① 黒板消しを使ってピカピカにする。
② 前の黒板の桟と床を雑巾で水拭きする。
③ 後ろの黒板の桟を雑巾で水拭きする。
④ 教室にある黒板消しをクリーナーできれいにする。
⑤ ①〜④まですべて終わったらあいさつをして終了。

> 年度当初にメジャーなどを使用して間隔が均等になるように測り「L」で印をする。床の板目などを利用してもよい

指導の留意点

01 黒板は教室を映す鏡

　黒板は教室に入ったらまず目に入ってくるものです。毎日、最初に目にするその黒板が綺麗であるかどうかは、教室の雰囲気を大きく左右します。まずは、黒板掃除の仕方を生徒たちに伝え、掲示をしましょう。そして、入学当初は掃除の時間に生徒たちと一緒に黒板を掃除し、「綺麗な黒板の基準」を示しましょう。

　最初は、黒板掃除の大変さに愚痴をこぼす生徒もいるかもしれません。しかし、綺麗な黒板の方が、板書が見やすくノートをとりやすいことに生徒は気付き始めます。「黒板が綺麗なことは当たり前」の状態にすることができれば、教員が指示し、共に掃除をしなくてもよい状態となります。

02 机の位置

　机を生徒が自分勝手に動かすようになると、教室の秩序が乱れるきっかけになります（特に窓や廊下側の生徒は壁に机をくっつけ、横を向いて座り始めます）。まずは、入学式・始業式前に机の位置を床に油性ペンなどでマークし、その位置を絶えず意識させましょう。

　教室掃除では、掃除当番に机の位置をそろえるところまで指導しましょう。また、授業の始業の号令で生徒が立った際に「机をそろえよう」と声をかけることも有効です。さらに、教員は放課後に教室を点検し、乱れている場合はこちらでそろえることも必要です。黒板と同様、翌朝に整理された教室で生徒を迎え入れましょう。

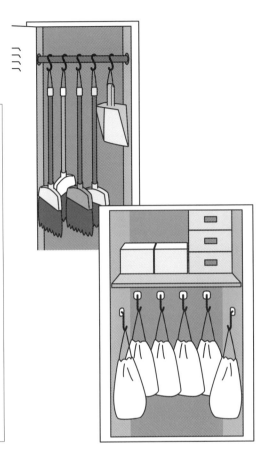

> このプリントを参考にしながら、美化委員はクラス名簿にチェックをする

美化委員　ロッカー・机点検

1　実施する日　　基本的に毎週木曜日

2　方法　　　　（1）昼休み
　　　　　　　　　①ロッカーが整理整頓されているか確認
　　　　　　　　　②整理整頓がされていない人をチェックし、声かけをする。放課後に残って整理整頓をしてもらう
　　　　　　　　（2）終学活前
　　　　　　　　　机の中がカラになっているか確認

3　ロッカーのチェック事項
　　　　　　　　（1）教科書や資料集などが雑に置かれていないか
　　　　　　　　（2）教科書を縦に置いている人は上下が逆さまになっていないか
　　　　　　　　（3）教科のプリントがファイリングされているか
　　　　　　　　（4）家庭に持ち帰るプリントが入っていないか

＊ロッカーや机の中の整理整頓は教室をきれいにするだけでなく、授業の準備をスムーズにします。それが「環境を整える」第一歩です。個人の環境を整えることが全体（クラス、学年、学校）の環境を整えることにつながります。「点検があるから」というだけでなく、日ごろから整理整頓を意識しましょう。

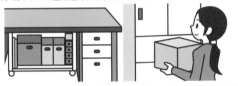

03　机の中と各種ロッカー

　机の中は、帰るときには空にしておくようルールを決めておきましょう。机の中に教材やプリントを入れたままだと、掃除の際に机が動かしづらくなります。個人のロッカーはどのように使用すべきかを提示し、整理整頓を意識させましょう。このような取り組みは、単純に教室を綺麗にするということにとどまらず、生徒の授業の準備をスムーズにし、配布物を学校に置きっぱなしにすることを予防する効果があります。

　また、白衣ロッカーや掃除ロッカーは「どこに何を置く（かける）のか」を明確にするためにテープなどを利用してナンバリングすることが有効です。さらに、整理整頓された見本を写真で撮り、掲示しておくとよいでしょう。

04　美化委員による活動

　整理整頓は1回の指導で身に付くものではなく、意図的・継続的な指導が必要です。また、教員の目にも限界があります。そこで、美化委員の協力を仰ぎましょう。まずは、ロッカー・机点検の実施です。チェック項目に沿って毎週点検をしてもらいましょう。また、机の印が消えていたら書いてもらうなど、積極的にお手伝いを頼みましょう。

　さらに、美化委員が主体となって「綺麗な教室グランプリ」や「ロッカー整理整頓選手権」などを企画し、できている人にスポットライトを当てる取り組みも必要です。まじめに頑張っているクラスや人が称賛される機会を、定期的に取り入れていくことが大切です。

4月　5月　6月　7月　8月　9月　10月　11月　12月　**1月**　2月　3月

命を守る不審者
対応訓練

動くなよ！
刺すぞ！

▶ねらい

　校内に不審者が侵入したときにどのように対応するかを学ばせる。

▶指導のポイント

　小学校の現場では、不審者の侵入により、尊い命を落としてしまった事例があります。不審者が侵入したときに、どのような行動をとることが望ましいのかを考えさせ周知しておくことで、混乱にさせないようにします。

　また、教員の動きも学級全体と連携できるようにします。

あなたは何者ですか。授業中に何しに来たのですか？

危ない、
不審者だ！

活動の展開

01 不審者が侵入してきたときの役割を決める

　中学生には、災害時も含めて、その機動力を生かし、役割を与えます。ただし、教師が十分に教室で不審者を引きつける必要があります。
① 学級委員（男子）
　不審者が教室に入ってきた扉と反対方向から職員室に応援を呼びに行く。
（不審者が〇年〇組に侵入しました）
② 班長
　その階の授業をしている教室に入り、不審者が現れたことを伝え、教室の扉にバリケードを作り、侵入ができないようにする。

02 不審者が校内に侵入したときの初期行動

　不審者が校内に侵入したことが分かったら、学校全体に侵入したことを伝える必要があります。不審者を刺激しないように、校内で伝達方法を決めておきます。
　例えば、校内放送で
「副校長先生、〇階で水もれが起きています」
　と伝えられたら、〇階に不審者が侵入しているという合言葉とします。放送が流れたら、クラスにいる生徒には、不審者が侵入しないようにすぐにバリケードを作るように指示をします。

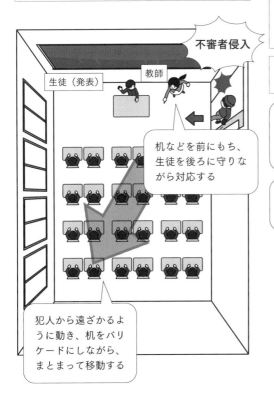

〈不審者侵入時の動き方（学活時）〉

不審者侵入

生徒（発表）

教師

机などを前にもち、生徒を後ろに守りながら対応する

犯人から遠ざかるように動き、机をバリケードにしながら、まとまって移動する

右前の扉から侵入する場合には、教師はできるだけ、右前の扉付近にいるようにします。生徒は机をバリケードにしながら、矢印の方向に逃げます。

〈さすまたの使い方〉

手で持たれないようにひざの裏や脇の下、肩の上を押さえる

必ず複数で対応する。警察が来るまで時間を稼ぐ

03 不審者が教室に侵入してきたときの対応

　バリケードは、廊下の扉側に机を寄せ、扉の前には、机を重ねておきます。生徒は教室の一番内側にある机を扉側に押し、不審者が入れない状況をつくります。

　警察が来るまでは、教師が不審者の対応をします。さすまたを使って不審者を追い詰めましょう。さすまたはてこの原理で広がったところを持たれてしまうと、逆に攻撃されてしまうので、必ず2人以上で対応します。ひざの裏を目がけて突き、床に倒し、肩の上と脇の下を押さえるようにします。警察の到着まで時間を稼げるようにしましょう。

04 様々な形での不審者侵入に対応を

　授業中の侵入を想定した訓練が一般的ですが、2001年に起きた池田小事件は、休み時間の襲撃でした。教師が教室にいないケースや、全校集会のように生徒が大勢集まったケースでも教師の動き方について十分理解しておく必要があります。

〈休み時間〉

　バリケードを作る。大人を呼ぶ。扉を閉める。

〈学年集会中〉

　犯人から遠ざかるようにまとまって教師の後ろに入る。

〈登校中や下校中〉

　カバンを前に持ち、防御する。柵や塀など隠れられる場所などをバリケードにする。防犯ブザーを鳴らす。

将来の職業を考えるキャリア教育

▶ねらい

　一人ひとりの社会的・職業的自立に向け、必要な基盤となる能力や態度を育てる。

▶指導のポイント

　1年生では、自分の生き方を考えるとともに、働くことの意味を考え、身近な職業について興味を持つことができるように指導します。

　また、職業調べ等を通して、調べる力、発表する力を養うとともに、インタビューの方法とマナー、新聞のまとめ方についても学ばせます。

活動の展開

01 キャリア教育の見通しを伝える

　キャリア教育とは、将来どのように生きていくのか、そのための準備をすることです。中学校では、1年次に職業調べ、2年次に職場体験、3年次に上級学校への進路指導を設定している学校が多いです。1年次では、まず自分の適性を理解した上で、社会の中にある数多くの職業を「知る」ことが大切になります。「自分らしい生き方とは何か」を考えるきっかけとなる活動を心がけるようにしましょう。

02 職業調べ・職場訪問の準備をする

　職業調べをインタビュー形式で行う場合には、事前の準備が必要となります。きちんとした態度でインタビューを行い、その内容を新聞にまとめるようにしましょう。

●インタビューの流れ
　① 自己紹介
　② インタビューの目的説明
　③ インタビュー（メモを取る）
　④ 感想とお礼の言葉

●参考となる資料
　①「なるにはブック」
　②「13歳のハローワーク」など

職業調べインタビュー	職業調べ発表会

インタビュー項目

① 仕事の名称（職業名）
② 仕事の内容・勤務時間など
③ この仕事を選んだ理由
④ この仕事に必要な資格・免許・適性など
⑤ この仕事のやりがいや苦労など
⑥ 中学生に向けてのアドバイスなど

振り返り

　活動全体を振り返り、感想、評価をワークシートにまとめるようにしましょう。

① 他の生徒の発表を聞いて印象に残ったこと
② 職業調べ発表会の感想
③ 自分の発表の自己評価
　（インタビューのマナー・新聞のまとめ方・発表の仕方・発表の聞き方など）
④ 学習を通して、興味を持った職業

03 職業調べ発表会を行う

　作成した新聞を用いて、職業調べ発表会を行いましょう。最初はクラス単位で行い、代表者を選出し、学年発表会を行います。その際、様々な職業を知ることが目的のため、職業が偏らないように代表者を選出しましょう。作成した新聞を学習発表会の作品として展示すると、生徒同士で学びを深め合うことができます。

04 職業人講話を行う

　「職業人講話」、すなわち実際に働いている方をお招きして講義をしていただく行事を計画している学校もあります。PTA、地域の方に協力を仰ぎ、生徒の「働く」ことへのやりがいをより一層高めることができる方を紹介してもらうようにしましょう。また、講演後は感想文などを書き、必ず学んだことを振り返る活動を取り入れるようにしましょう。感想文（お礼の手紙等）は、講師の方に見ていただくようにしましょう。

生き方を考える
キャリアパスポート

▶ ねらい

キャリアパスポートを活用して、「自分らしい生き方とは何か」を考える力を育てる。

▶ 指導のポイント

キャリア教育の一環としてキャリアパスポートの導入が義務付けられました。

キャリアパスポートとは何か、どのように作成し、どう活用していくのか、学校の特色を生かした、創意工夫あるキャリアパスポートづくりを学ばせましょう。

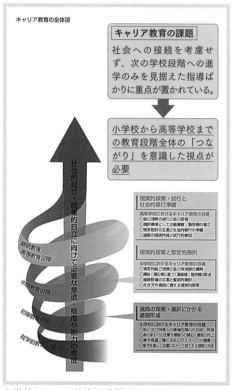

中学校キャリア教育の手引き
（平成23年3月文部科学省）

指導の留意点

01 キャリアパスポートとは何か

キャリアパスポートとは、小中高生が学習や学校生活の目標を設定し、達成度を自己評価するものです。毎年同じように活動が行われるもの、あるいはその学年特有の活動の記録は、複数年たったときに振り返ることで、「自分らしい生き方とは何か」「また、その生き方を実現するためには何をどのように努力すればよいのか」という、自分の進むべき道を指示してくれる「道標」になります。今の学びが将来、何かにつながっていくことを意識づけるために、学んだことや体験したことから得られた「学びをつなぐもの」が必要になります。キャリアパスポートは、その役割を担う重要なアイテムとなります。

02 キャリアパスポートを作成する

生徒が自己の生き方や進路を考えるときに注目されるのが、その時々の活動を記録し、蓄積していくことができる「ポートフォリオ」になります。学校での作品や活動記録などの成果物を蓄積するため、入学当初にキャリアパスポート用のファイル等を作成する必要があります。作成したキャリアパスポート内には多くの個人情報が含まれているため、施錠できる場所に保管することも大切です。

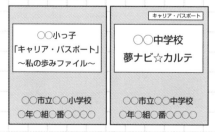

中学1年生　学期を振り返ろう

記入日　　年　月　日

○今学期を振り返って

学期はじめに身に付けようと思ったことについて、自分の気持ちに一番近いところに〇をつけよう	あてはまる	ややあてはまる	あまりあてはまらない	あてはまらない
学習面で身に付けようと思ったことが身に付いたと思う	あてはまる			
生活面で身に付けようと思ったことが身に付いたと思う	あてはまる			
家庭や地域で身に付けようと思ったことが身に付いたと思う	あてはまる	あてはまる	めては まらない	はまらない
その他（習い事・資格取得など）で身に付けようと思ったことが身に付いたと思う	あてはまる	ややあてはまる	あまりあてはまらない	あてはまらない

記入の際は、具体的な場面を提示し、振り返る。自己評価することで自分自身の成長を実感できる

○各項目の振り返りと、今後、挑戦・行動しようと思うこと

学習面で	今後は
生活面で	今後は
家庭や地域で	今後は
その他（習い事・資格取得など）で	今後は

これからの抱負を考えることで、自分のよさでさらに伸ばしたいことや、自分が努力すること等を具体的に考えられるようにしていく

今学期を振り返って、新しく発見したこと、気付いたこと

キャリア教育につながる学習を振り返ることで、自分の将来や働くことの大切さ、大変さややりがい等を見つめ直すことができる

先生からのメッセージ	保護者などからのメッセージ

いろいろなことがあった学期だったけど、振り返って、自分はどんな点が成長できたかな？

こんなところが成長できたね！　次はここを伸ばしていけるようになろうね！

中学校1年間で、自分はリーダー性を大きく成長させることができました！

1年間を振り返り、自分の成長できた点をきちんと分析できていますね

1月

03　ワークシートを使用する

　キャリアパスポートを作成する方法として、ワークシートを活用する方法があります。既に文部科学省からも具体的な例示資料が示されています（左上図）。なお、これらは例示であり、各学校で柔軟にカスタマイズすることを前提としています。ワークシートを作成する際のポイントとしては、①学年・校種を越えてもち上がることができるもの、②中・長期的な振り返りと見通しがもてるもの、③学校生活全体及び家庭、地域における学びが含まれるもの、④大人が対話的に関われることができるもの、以上4点になります。

　記入させて終わらせるのではなく、教師が対話的に関わる要素を大切にするようにしましょう。

04　ワークシートを様々な場面で活用する

　キャリアパスポートには、様々な活用の仕方があります。例えば、小学校時に児童が作成したキャリアパスポートを担任側が事前に確認することで、入学後どのような手立てが必要か生徒理解に役立てることができます。また、中学校で記入した学期の振り返りなどのワークシートを三者面談で保護者と確認し合うことで、成長した点、これからの課題点を共有することもできます。

　上級学校への進学が関わる3年次には、今まで蓄積してきたものを振り返ることで、自己理解ができ、面接資料を作成するための重要なツールとしても活用することができます。

学級づくりの総仕上げ

▶ 2月の目標

　1年生としてこの学級で過ごす生活も残り2ヶ月となりました。3月に入ると卒業式や学年としての取り組みが入ってくるため、2月は学級としての最後の総仕上げを図ることができる重要な1ヶ月とも言えます。学級の課題は何かを具体的に洗い出し、その課題の克服のために何に取り組めばよいのかという行動目標を共有し、学級という組織を自分たちの手で変えていく実感がもてるよう仕掛けていきましょう。

　3月に「この学級の一員で本当によかった」と全員が実感できるようにするためには、2月の学級経営が鍵となります。全員が参加し自治的な活動を進められるよう取り組みましょう。

2月の学級経営を充実させるために

4月に皆で立てた学級目標に立ち返る

　入学してすぐ、初々しい気持ちで中学校生活がスタートした頃、皆で立てた学級目標があります。「こんな学級にしたい」と願ったあのときの思いは、はたしてどれぐらい達成しているでしょうか。学級目標は1年間教室に掲示されていると思います。掲示物を見て一度学級目標に立ち返り、どの部分が達成されていて、どの部分が達成されていないのかを明確にしましょう。

学級目標を100%達成するための具体的な行動目標を絞り込む

　学級としての課題が明確になったら、その課題を克服するためにあと1ヶ月で達成することが可能な行動目標を洗い出し、絞り込んでいきましょう。行動目標は具体的なものであること、個人と集団のそれぞれのレベルでするべきことが明確である必要があります。学級としての取り組みを具体的に意識できる掲示物を作り、達成していく過程を「見える化」していくと、より組織的な取り組みが達成されていく実感がもてるでしょう。

注意事項

思ったより活動時間が短いのが2月

　他の月と比較して、2月は暦の関係で短い1ヶ月です。また、多くの学校で学年末考査があるため、実質的な活動期間は2週間足らずだと認識しておくとよいでしょう。学級活動を通して生徒同士の人間関係の醸成を図りつつ、短期決戦で学級の総仕上げをするという意識をもって学級経営に取り組みましょう。

学級力向上プロジェクト

▶**ねらい「学級の長所と短所を視覚的に捉え、目指す学級の姿に向けた取り組みを明確にする」**

　学級の在りたい姿に対して現状の学級の姿がどうなのかを、生徒によるアンケートからレーダーチャート化します。その結果から、生徒たちが学級の強みである長所や弱みである短所に気付くことにより、学級の課題を明確に捉えられるようにしましょう。よりよい学級にするための方策を全員が自分ごとにして議論し合うことにより、自治的な学級風土を育てることをねらいます。

活動例

① 学級力の可視化：Research（診断）

　学級力アンケートは現状の診断のためのデータをとる、生徒たち向けのアンケートです。学級力の定義の領域・項目ごとに、4段階で回答します。Excelシート上に入力すると領域・項目ごとの平均値がレーダーチャートとして可視化され、学級の姿がつかみやすくなります。

② 学級会議：Plan（計画）

　レーダーチャートを見ながら自分たちのクラスの成果と課題を話し合い、課題を克服するための今後の取り組みのアイデアを話し合う学級会議を行います。学級で行う具体的な取り組みは個人やグループの単位でそれぞれ考え、皆の考えを共有し、学級力を向上させるプロジェクトを具体化させましょう。

③ 学級力向上プロジェクト実施：Do（実施）

　学級の総意で決めたプロジェクトの実行をする期間を設けます。学級として取り組むAction（改善）はカード化したり、掲示物にして見えるようにしたりして、常に意識できるように工夫します。

活動後のポイント

　学級内での役割を明確にし、取り組みの経過が分かるようにするとよいでしょう。個人や生活班などの取り組みが分かり合えるようになると、高め合う学級風土も醸成されていきます。3月に入ったら再度学級力アンケートをとり、2月の学級の取り組みを評価します。レーダーチャートは、学級力の変化の様子が分かりやすく示されます。変化を可視化することで、学級という組織が変革していく達成感を得られるようにします。

【参考資料】
今宮信吾・田中博之編著『NEW学級力向上プロジェクト～小中学校のクラスが変わる学級力プロット図誕生！』金子書房（2021）

多面的に捉える生徒理解

▶ねらい

生徒のよさや課題などについて多面的に理解し、生徒自身の成長や人間関係の向上等の一助とする。

▶指導のポイント

生徒一人ひとりを多面的に理解することが大切です。

そのためには、日頃から生徒とのコミュニケーション、教員間の情報共有を行いましょう。

必要に応じて適切な支援ができるよう関係機関等との連携の知識もあるといいでしょう。

生徒情報シートの例

生徒情報シート

年　組　番　氏名

○委員会・係

前期	委員会・係	後期	委員会・係
役職		役職	

○部活動

	部	役職

○評定

	国	社	数	理	音	美	保体	技家	英
1学期									
2学期									

○定期考査

	国	社	数	理	音	美	保体	技家	英
第1回									
第2回									
第3回									
第4回									

○面談の記録

月　日
月　日
月　日
月　日

活動の展開

01 一日の生活の中で

登校時に生徒を迎える際に、積極的に生徒に声をかけましょう。生徒自身との会話の端々から、家での生活の様子など多くのことが見えてきます。

授業の取り組みからも、見取れることがたくさんあります。静かにしているけれど、実は一文字も書いていない生徒もいるかもしれません。

休み時間には、クラス内での人間関係が見えてきます。些細な変化も見逃さず、一人で過ごしている生徒には声をかけ、心配な生徒については、必要に応じて個人面談を実施しましょう。

02 生徒の情報を記録しよう

クラスの生徒情報は、普段からノートやファイルに記録しておきましょう。ノートやファイルには、それぞれの生徒のページに番号と名前を記入したラベルをつけておくと開きやすくなります。

上に示した「生徒情報シートの例」のように、生徒の情報や面談時の記録をまとめておき、裏面や続きのページに日々の生徒の様子等を記録しておくといいでしょう。

日付や時間も忘れずに記録しよう

生徒理解のイメージ

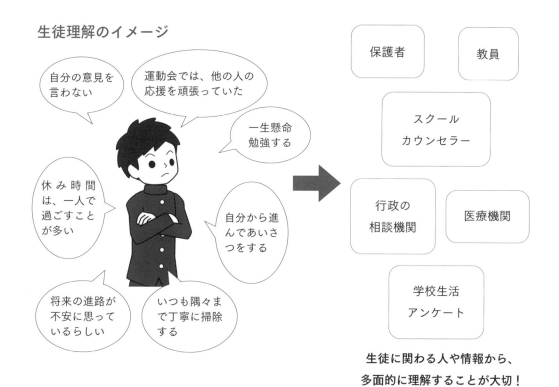

保護者

教員

スクール
カウンセラー

行政の
相談機関

医療機関

学校生活
アンケート

自分の意見を
言わない

運動会では、他の人の
応援を頑張っていた

一生懸命
勉強する

休み時間
は、一人で
過ごすこと
が多い

自分から進
んであいさ
つをする

将来の進路が
不安に思って
いるらしい

いつも隅々ま
で丁寧に掃除
する

**生徒に関わる人や情報から、
多面的に理解することが大切！**

03 教員同士の情報交換

　教員同士で生徒の情報交換を気軽に行いましょう。心配なことはもちろんのこと、改善してほしい行動だけではなく、良い行動についても情報交換していきましょう。また必要に応じて、生徒との個人面談に、他の先生が同席してもよいでしょう。

　まわりの先生と話すことで、その生徒について自分が知らなかった一面を知ることや、対応について答えが出ることもあります。教員同士の対話によって、一人ひとりの生徒に対して多面的に理解することにつながります。

04 関係機関等との連携

　学校内には、特別支援教育コーディネーターを中心とした教育相談組織があります。校内の教育相談組織の会議等では、生徒の特性や心理状態など全体で心配な生徒情報について共有します。

　特別支援教育コーディネーターは、その生徒の状況に応じて、スクールカウンセラーや外部の相談機関との連携をサポートしてくれます。また、必要であれば、特別な支援が必要な生徒への対応策や支援の方向性を決めるために、ケース会議を開催することもあります。

誰にとっても過ごしやすい学校生活

▶ねらい

生徒の実態をつかみ、各機関と連携しながら生徒の過ごしづらさを解消する支援を行う。

▶指導のポイント

現在は、どの学年、どの学級にも配慮を要する生徒が一定数いると言われています。

学習面、生活面、人間関係面と配慮、支援が必要な場面は、生徒によって様々です。個々の生徒の気持ちをつかみ、周囲の教員や外部機関等との連携が求められます。

配慮が必要な生徒とは

ADHD（注意欠如・多動性障害）やLD（学習障害）、自閉スペクトラム症、色覚異常や難聴、肢体不自由、その他学校生活や学習を行う上で、様々な個別の支援や配慮が必要な生徒のことを指します。

これらの生徒には合理的な配慮が求められますが、その生徒の実態に合った配慮が必要です。

周囲への理解を促す

配慮を要する生徒の成長につなげるためには、周囲の理解が不可欠です。場合によっては協力を促すために、学級に向けてカミングアウトをする場合もあります。その場合は、保護者、生徒自身の意向を尊重し、伝え方、伝えるタイミングも含めよく相談しながら進めましょう。

指導の留意点

01　生徒の実態をつかむ

担任として配慮を要する生徒の実態をつかむ手立ては、以下のような事柄があります。
・小学校からの引き継ぎ、個別支援計画
・面談等での保護者、生徒からの申告
・授業担当者である他教員からの報告

保護者の意向によっては、中学校入学前に管理職や養護教諭、スクールカウンセラーと面談を行っている場合もあります。

また、中学校は教科担任制であるため、多くの教員が当該生徒と関わります。授業中の様子等、担任では見ることのできない気付きを得られるチャンスなので、日頃から情報交換を密に行いましょう。

02　校内の支援体制

校内には、配慮を要する生徒に関する様々な連絡・調整を行う特別支援教育コーディネーターという役職を請け負う教員がいます。特別支援教育コーディネーターや養護教諭と相談しつつ、特別支援に関する校内委員会に諮りながら、全校規模で行っていく必要があります。

また生徒の困っていることに対する理解や、保護者の相談窓口としてスクールカウンセラーとつなげる場合もあります。

自分一人で抱え込まず、周囲の教職員との連携を密にしながら、校内機関を効果的に活用しましょう。

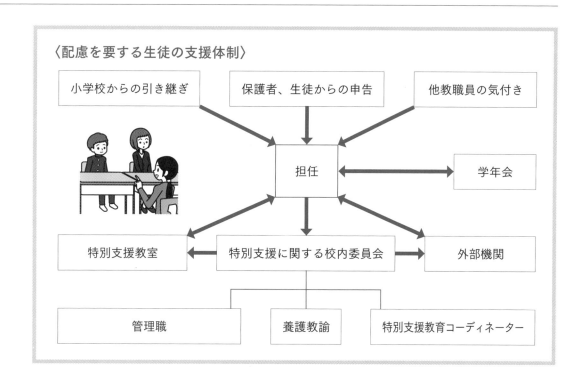

〈配慮を要する生徒の支援体制〉

```
小学校からの引き継ぎ        保護者、生徒からの申告        他教職員の気付き

                              担任                          学年会

特別支援教室        特別支援に関する校内委員会              外部機関

管理職              養護教諭              特別支援教育コーディネーター
```

03 外部機関との連携

　場合によっては校内機関のみならず、医療や心理といった外部の専門機関、他校の通級指導教室と連携する場合もあります。

　また、特別支援教室として、巡回教員が各校を巡回し、生徒の課題とニーズに即した個別指導を行う自治体も増えています。

　保護者や生徒自身の意向を踏まえながら、学年会等で協議したのち、特別支援教育コーディネーターや養護教諭、管理職から情報を得たり、相談したりしながら、外部機関と連携し、支援の充実を図りましょう。

04 まとめ

　教員はどうしても「できていないこと」に目が向きがちです。しかし人間は二つのことを同時にはできません。「問題行動を減らす」より、できている望ましい行動を、認めたり褒めたりしながら、「望ましい行動を増やす」ことで、自己有用感が高まり、行動の改善につながります。

地域をめぐる校外学習

▶ねらい

初めての校外学習で、当日の行動や事前・事後学習を通して、役割や責任、協調性を高める。

▶指導のポイント

生徒たちは校外学習に向けて気持ちが高まります。しかし、校外学習は単なるお楽しみではなく、日常の学校生活では学ぶことのできない貴重な学習ができる機会です。

街に出て学ぶこと、事前・事後の学習を通して文化や歴史を学ぶこと、班行動での役割を果たす中での責任や、協力・協調。これらを通して、生徒たちが達成感と多くの成長を得る機会としましょう。

▶事前学習の例（見どころマップ）

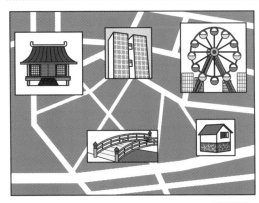

○○と○○は近くにあるね！

事前学習で調べ学習を行う際は、個人で調べた情報などを地図と関連づけて掲示するとよいでしょう。行きたい場所がどこにあるかや、近くの見学地などが一目で分かり、コース作成がスムーズになります。

指導の留意点

01 校外学習の「成功」へ向けて（学級で）

校外学習の「成功」とはどのようなものか、どのような校外学習にしたいかを学級の時間を使って話し合い、生徒たちに校外学習の「成功」をイメージさせましょう。自ら計画したコースを歩き多くの学びを得るために、クラス全員が笑顔で校外学習を終えるために、「必要な心がけ」とは何でしょうか。係や分担など、一人ひとりの役割を果たし、責任ある行動をとることが、楽しく学びの多い校外学習につながることを伝えたいです。

また、班の編成を考慮しなければならない場合もあります。班長は誰にするか、班長をサポートできる班員はいるか、欠席・不登校生徒への配慮など、他の学級担任とも相談して、班編成の仕方を決めるとよいでしょう。

02 見学コースの検討（班会議）

校外学習は、準備から始まっています。どのようなコースを選び、歩くかで、学習の充実度が決まります。学習の充実を図るために、まず「班行動のテーマ」を設定します。どのような学びを得たいかでテーマを設定し、そのテーマに沿ってコースの作成ができるとよいでしょう。

生徒には自分の要求だけを通そうとするのではなく、班全員の意見を尊重するように伝えます。迷ったときや、意見の衝突があるときは、最初に決めた「班行動のテーマ」や「校外学習全体の目的」に沿っているかが、コース決定の判断の決め手となります。

ウォークラリー（生徒たちの学習を深めるために）

　生徒たちに現地で見て学んでほしいポイントや、見どころをクイズにすると、学習が深まります。校外学習当日に向けて、ウォークラリーを用意し、見学場所にちなんだ問題を出題できるとよいでしょう（問題がどこで出題されるかは、コースを決める前に伝える必要があります）。

　多くの問題を正解できた班には、表彰等があることを伝え、生徒の気持ちを高め、楽しみつつ協力しながら学べる企画にできるとよいですね。

03　班長会でリーダーを育てる（トラブルや危険の予測）

　どんなに準備をしても、トラブルはつきものです。班長会議を開いて、リーダーの自覚をもたせるとともに、班の危険や考えうるトラブルの予測をさせましょう。また、班長から直接話を聞くことで、不安の軽減もできます。
想定するべきトラブル
・班員がはぐれたり、班が迷子になったりする　・突然の体調不良や欠席　・落とし物や忘れ物　・一般の方や他校生とのトラブル　・地震などの緊急災害時
・班員の健康管理（持病やケガ、食事アレルギーなど配慮すべき事項）　・不要物の所持　・予測される班員のトラブルやその対応（その他班長が不安に感じること）

04　事後学習（観光マップ・発表）

　事後学習では、プレゼンテーションソフトを用いて観光マップのようなスライド作成や、模造紙に新聞の作成などをします。校外学習前に、あらかじめ班で事後学習の役割分担（見学地・歴史・文化・食べ物など）がされていると、まとめやすいでしょう。班員との思い出や感動したこと、班員と撮った写真など、自分たちの言葉で見学地の魅力を伝え、オリジナルの事後学習にできると素敵です。

　完成後は、発表会を。楽しい思い出と学びを共有するとともに、プレゼンテーション力を高めるよい機会になるでしょう。

4月　5月　6月　7月　8月　9月　10月　11月　12月　1月　**2月**　3月

想いが伝わる学級通信

今週の学級通信を配ります

▶ ねらい

学級づくりに向けて担任の想いを示し、学級活動の様子を共有する。

▶ 指導のポイント

学級通信では、学校での活動を通して生徒が何を感じ、どのように変化しているのか、生徒とその保護者に向けてタイムリーに伝え、共有します。

私の作文が載ってたよ！

また、担任の想いや実践を示しながら、生徒や保護者との信頼関係を深められるように工夫します。

運動会の練習頑張ってるね！

展開

01 学級通信の発行にあたって

タイトルは、生徒への願いを込めたものにしましょう。初めは、担任の自己紹介や学級づくりの方針等を示し、これからどのような学級を築いていこうと考えているのか、生徒にも保護者にも分かりやすく伝えます。発行の前に学年主任や管理職など複数の目で内容や表現を確認してもらうとよいです。

よろしくお願いします

02 学級通信を書くときのポイント

① 学級活動での出来事は、具体的に記す。
② 生徒のよさを取り上げる（行事の練習に意欲的に取り組んでいた、発言の内容や伝え方がよかった等）。
③ 清掃や給食の時間といった普段の生活の中で見えてくる生徒の頑張りを積極的に取り上げる。

学校での頑張りが保護者に伝わることは、生徒の自信につながります。時には、学級で課題となっていることにも触れ、学級で考えていきたいことや親子で考えてもらいたいことを提起するために、学級通信を活用することもできます。

○○区立○○中学校　　1年A組 学級通信　　**Azalea**（アザレア）　　第33号　2021年2月26日　担任　○○○○

学年末考査終了！

　1年生の学習の締めくくりとなる学年末考査が終了しました。これまでの反省を生かして、取り組むことはできましたか？面談などで確認したことを実践していた人も多いようです。例えば、日々の学習時間を確保して家庭学習の習慣をつくることやテストのときに提出するであろう課題を日頃から進めておくなどです。すぐには結果に結びつかないかもしれませんが、学力向上に近道はありません。地道な努力を継続していきましょう。そのためにも、まず今週は、返却された自分の答案で学習の振り返りをしてください。1年生での課題は1年生のうちに克服して、2年生に積み残さないようにすることが大切です。

道徳の授業では…

　昨日の道徳の授業では「情報モラル」をテーマに「法やきまり」について考えました。著作権や肖像権とは何か、法やきまりがなぜ必要なのか、法やきまりになっていなくても守っていることはないだろうか、具体的な事例を通して、自分自身について見つめ直すこともできたようです。授業では、たくさんの意見が出たことがうれしかったです。

　"公共の場では静かにする""目上の人には敬語を使う""食事のマナーを守る""感謝の気持ちを伝える""あいさつをする""列に並ぶ""マスクをする""消毒をする"など、きまりにはなっていないけれど、自ら守っていることは思いのほか多くあります。それらはどれも、みんなが気持ちよく過ごせるように、秩序が保たれ平穏な暮らしができるように、という思いやりの精神によるものです。法やきまりも根底にあるのは思いやりの精神だと言えます。自分を守り、相手を守り、社会を守るために法やきまりがあるわけですが、なくてもよいのであればそれに越したことはないのでしょう。

　さて、iPadを普段から使っているみんなは、その便利さの中にある危険性をきちんと理解しておかなければなりません。すでに、iPadの使い方について、「それはどうなんだろうか」と首を傾げてしまうような話を耳にすることもあります。中学生とはいえ、悪気はなかった、考えもしなかった、では済まされないこともあります。誰かが傷ついてしまってからでは遅い。この緊張感は忘れずにもち続けてもらいたいと願っています。

学芸発表会への取り組みスタート！

　2週間後の学芸発表会に向けて、合唱づくりのスタートです。合唱練習は音楽の授業以外の時間でも行われます。つまり、音楽の先生がいないところでも、音楽室でないところでも歌うのです。なぜなら、合唱はクラス全体でつくり上げるものだからです。したがって、先生が指導するのでない自分たちの練習がとても大切になります。

　練習を重ねていけば、うまくいかないことも嫌になってしまうこともあるかもしれません。そんな気持ちになったとしても、きっと隣にはクラスのために頑張っている人がいるはずです。自分のちっぽけな気持ちに負けず頑張りましょう！これからの2週間、みんながつくり上げていく合唱を楽しみにしています!!

来週の予定

日にち	主な予定
3月1日（月）	合唱練習スタート！
3月2日（火）	保護者会出欠葉の締め切り
3月3日（水）	職員会議
3月4日（木）	委員会
3月5日（金）	避難訓練

月	トピック（例）
4	入学式 自己紹介 学級づくり・学級目標
5	前期の係・委員会 学級の様子
6	運動会 期末考査
7	1学期の振り返り 夏休みの過ごし方
9	生徒会役員選挙 中間考査
10	後期の係・委員会 学級としての課題
11	文化祭 期末考査
12	2学期の振り返り 冬休みの過ごし方
1	キャリア学習の取り組み 学級で成長できたこと
2	校外学習 学年末考査
3	球技大会 卒業式 1年間の振り返り

2月

03　学級通信を発行する上で留意すること

① 生徒の感想文や作文、写真等を載せる際には、いつも同じ生徒ばかりが掲載されないようにする。
② 掲載する生徒の氏名には敬称を全員に付けるか、「敬称は省略しています」と一言記載をしておく。
③ 生徒の氏名や写真等、個人情報の掲載については、年度初めの学級通信で告知し、保護者会でも伝える等、掲載を望まない生徒の保護者が申し出られるようにしておく。

　紙面での配布だけでなく、デジタル版の配布について確認してみてもよいでしょう。

04　まとめ

　数多くの業務がある中で、定期的に学級通信を発行することは、決して容易なことではありません。しかし、フォーマットができれば、だんだんと短時間で学級通信が作成できるようになるはずです。はじめは、月に1号くらい、と気負わずに発行してみましょう。学級通信は、学年通信等と比べて、学級や生徒の様子をより鮮明に伝えることができるので、受け取った生徒や保護者も喜んでくれます。担任のオリジナリティーを発揮しながら、生徒や保護者との信頼関係を築いていくためのツールとして、学級通信を活用していきましょう。

不登校生徒へのサポート

▶ ねらい

不登校生徒や家庭に対し、状況に合わせて様々な面からサポートを行う。

▶ 指導のポイント

不登校の要因は様々あり、その対応も状況によって異なるため、十人十色の対応が求められます。

複雑化する背景に加え、学級経営、授業、部活動などがある中での個別対応だからこそ、担任一人が抱え込むことなく、学校全体や外部機関と連携を図っていくことがポイントとなります。

・不登校生徒は毎年増加傾向にあり、「令和2年度 児童生徒の問題行動・不登校等生徒指導上の諸課題に関する調査」によると、不登校の中学生は全国で13万2千人を超えています。特に中学校になじめない以外にも、学力不振や人間関係が複雑化する中で、徐々に不登校になっていくケースがあり、未然防止とともに不登校になってからの関わりは重要です。

・不登校の要因は様々あり、一人ひとり状況は異なりますが、状況をしっかり見極めていくことが大切です。いじめや、背景にある家庭の問題、自傷行為など緊急に校内外と連携して対応する事案もあります。また、一旦、不登校になると回復するのに時間がかかる場合もありますが、家庭訪問、電話、1人1台端末でのやりとりなど、担任との関わり方や頻度などを工夫しながら、関係を保てるとよいでしょう。

展開

01 未然防止

担任として、入学後の人間関係づくりを工夫したり、個人面談などで悩みを共有したりする場面は大切です。また、不登校になる前に、少しずつ欠席が増えたり、生活アンケートなどでマイナス要素の回答をしたりしている場合があるため、それらも活用しながら、生徒の変化を気を付けて見ていきます。

02 保護者との連携

子どもの欠席が続くと成績や進路不安を抱いたり、これまでの子育てを反省したりする保護者も出てきます。それらを踏まえながら、保護者を追い詰めることなく、学校としてできること、学校外の学習支援の場の情報提供、受験についてなど、一人ひとりの生徒や保護者に寄り添った関わりを心がけていきます。

生徒

（状況に合わせて）
・クラスの一員として所属感を感じること
　のできる声かけ。
・面談や学習支援。

保護者

・保護者の不安や心配事に対する傾聴。
・学校内外のサポート体制の情報提供。
・前年度から続く場合は、教材や給食提供
　などの相談。

担任はじめ学校

学校全体でサポート

① 校内や関係機関との情報共有や資料づくり等
　・生徒の状況、出欠席日数（遅刻・早退）、保健室・別室登校数など個別の記録。
　・教育委員会や校長会への報告。
　・学校外の学習の場への報告、連絡。
　・児童相談所、医療機関や、スクールカウンセラーなど他機関との連携。
② 生徒に関するサポート
　・不登校の要因に関する援助、学習支援等。

03 校内委員会で共有

　生活指導部会、不登校対策委員会など校内で不登校生徒に関する情報共有の場に情報をあげます。担当教員以外に管理職、養護教諭などが参加するだけでなく、学校によってはスクールカウンセラーが同席する場合もあります。外部機関との連携も視野に、担任以外の目線で情報共有、検討をするため、生徒に関する情報は丁寧かつ、まめに更新を心がけるとよいでしょう。

04 生徒との関わり

　状況に応じて、生徒とどのように関係を保っていくのか考えていきます。担任の時間割なども考慮して、相談しながら進めます。その際、生徒側が決めた日時通りの行動ができなくても、深追いせずに、今後どうしていくことがよいのか、共に考えていけるようにしたいものです。
【関わり方】
　生徒の登校時、家庭訪問、電話、1人1台端末、手紙、日記など
【頻度や時間】
　週または月、学期での回数、時間帯
【内容】
　近況報告、相談、連絡事項、プリントの受け渡し、学習指導

感謝を伝え、称え合う

▶ 3月の目標

　このクラスで過ごすのも残り1ヶ月。生徒同士が感謝を伝え称え合うことで、より豊かな人間関係を築く月です。入学してからの1年間を振り返り、「この学級でよかった」「みんなと出会えたことに感謝」という思いを分かち合い、集団の心地よさをかみしめられる学級経営に努めましょう。

3月の学級経営を充実させるために

学級の取り組みと成長を実感する学級会議の開催と学級の思い出の振り返り

　2月の学級経営で紹介した学級力向上プロジェクトの生徒アンケートをもう一度とり、学級会議を開いて学級の取り組みを評価します。2月の1ヶ月で取り組んだ学級力の変化をレーダーチャートで可視化します。うまくいったこともいかなかったことも、学級で一つひとつ、共に乗り越えてきたことを実感させ「この学級のよさは自分たちがつくり上げたものだ」と、組織を自分たちの力で変革させることができた自信をもたせましょう。

　この1年間の学級の思い出を振り返る思い出スライドを作るのもよいでしょう。担任が作ってもよいですが、学年末考査後すぐに学級で「スライド作成委員会」を立ち上げ、1人1台端末を利用して生徒たちが自作で思い出スライドを作るのも、学級への貢献を実感させるのに有効です。

感謝を伝え、学級や級友への思いを共有する

　1年間を振り返り、成長してきた自分や仲間、学級を見つめる機会をつくります。この学級で一緒に活動した仲間に感謝のメッセージを書きます。仲間がいたからこそ成長できた自分について考えさせるとよいでしょう。「クラスの解散まであと○日」と日めくりカレンダーを作成するのもいいです。1人1枚作成すると、クラスの人数分の枚数のカレンダーができます。カレンダーにはその日の行事などと共に「クラスのみんなへ」というメッセージを書く枠を作ります。朝や帰りの学級活動の中で、作成した生徒が伝える時間を確保します。カレンダーを掲示すると、修了式の日には生徒全員のクラスへの思いに包まれた教室環境ができます。

注意事項

　3月は2年生になる期待と不安が顕在化しやすい時期でもあります。学年の教員と相談して「後輩へのメッセージ」として後輩へのアドバイスを書く機会を学年としてつくり、入学式や来年度の新入生の教室に掲示するのもよいでしょう。先輩になる自覚をプラスに転換できればと思います。

別れの花束～ありがとうのメッセージ～

▶ねらい「学級の仲間に感謝を伝え、互いの成長を確認する」

「別れの花束」は学級じまいのときによく用いられる構成的グループエンカウンターのエクササイズです。構成的グループエンカウンターとは、集団での学習体験を通して、自己発見による行動の変容と人間的な自己成長をねらい、本音と本音の交流や感情交流ができる親密な人間関係づくりを促す手法です。

活動例

[1回目]　① ねらいの説明「学級の仲間に感謝を伝え、互いの成長を確認し合う時間にしたいと思います。自分と仲間への温かい思いを胸に、2年生でも成長していってほしいと思っています」と伝えます。

②「先生ならこんなふうに書きます」と仲間に対する心温まる感謝の言葉を書いた文章例を取り上げます。

③「友達と相談をしないで自分の言葉で考える」「読んで嫌な気持ちにならない表現」などのルールを説明します。

④ 1年間を振り返り、一緒に過ごした友達にありがとうの気持ちを込めて、思い出や具体的な場面を思い出し、送る言葉を考えるよう促します。

○○さんへ
いつも私が困っている時に話しかけてくれてありがとう。給食をこぼしてしまった時、さっと雑巾を持ってきて片付けを手伝ってくれたこと、うれしかったよ！　●●より

⑤ 生徒にカードを9枚程度配布します。書く内容は「感謝したいこと」「相手の良いところ」「見習いたいこと」の三つを板書して示します。もらってうれしくなる言葉を書くことを心がけるよう伝え、カードに書かせます。

別れの花束

⑥ カードを集めます。次の時間までに担任がカードに書かれた内容を確認します。背中の台紙を生徒数分用意しておきます。

[2回目]　⑦ それぞれが書いたメッセージを、相手の背中の台紙に貼りつけるよう伝えます。

⑧「もらったメッセージの数は問題ではありません。何枚であっても心のこもったメッセージであることに感謝をしながら読みましょう」と伝えます。

⑨ この時間で感じたことや考えたことを自由に発表するよう促し、活動の振り返りを行います。

活動後のポイント

集めたカードに不適切なものがないかを担任が必ず確認しましょう。また、1枚ももらえない生徒が出ないようにする配慮が必要です。生活班や出席番号の前後など必ず書く級友を限定し、全員がいろいろな仲間からカードがもらえるようにします。たくさん書けるよう多めにカードを用意しましょう。

生徒の成長と感謝を伝える保護者会

▶ねらい

1年間の教育活動への協力に対する感謝と生徒の成長の様子を伝える。

▶指導のポイント

学級の様子や行事などで、紙面では伝えきれない部分を保護者に伝えます。総合的な学習の活動内容や道徳での生徒の変容なども話します。

また、中学校生活にも慣れてきた生徒の家庭での成長した部分や、困っている部分を保護者相互で共有し、今後の子育てなどに生かしてもらえるといいでしょう。

1年間を振り返って…

番　氏名

① あなたは、学級目標「　　　」に対し、この1年でどの程度達成できたと思いますか？
次の選択肢の中から、ひとつ○を付けてください。
（1：できなかった　2：あまりできなかった　3：まぁまぁできた　4：できた）

② この1年間で自分が「成長したな！」と感じられるのはどんなところですか？具体的に書こう。

③ このクラスで（担任から、友達から、クラスから…など）、どんなことを具体的に学びましたか？

④ クラスの思い出ランキング～♪
クラスで起こった出来事で、印象に残っていることを3つ書いてみよう（最低でも1つは書くこと！）
できるだけ、具体的に！！（例：こんなことをして先生にめっちゃ叱られた…etc.）
1位：
2位：
3位：

⑤ ずばり！あなたが考えるこのクラスってどんなクラス？　一言で表してみよう！

⑥ 最後にクラスへメッセージを書こう！！※個人宛てでも、学級全体宛てでも構いません！
　　　　　　へ

指導の留意点

01 保護者会に向けての準備（アンケート実施）

生徒には学活の時間を利用して、1年間の振り返りをしてもらいます。この内容は保護者会で発表したり、学級通信で掲載したりすることも伝えます。学年で統一した内容のものを使ったり、担任独自で作成したりするなどやり方は様々です。上記のようなアンケート形式のものも参考にしてください。

02 保護者会当日の次第を考えよう

年度末に開催する保護者会では、
① 感謝を伝える
② 1年間の振り返り（行事等）
③ 生徒からのアンケート結果報告
④ 春休みや来年度の過ごし方
⑤ 保護者間での情報共有
などが考えられます。また、来年度のことを見据えた内容を織り交ぜながら話すと保護者にとってありがたいはずです。

第1位　○○○祭合唱の部最優秀賞！
坂本さんのピアノが上手だった！　空いている時間を使ってみんなが積極的だった。結果発表で自由曲の『My Own Road』が流れたとき、めっちゃ嬉しかった！　パートリーダー、指揮者とかみんなすごく気合が入っていて、自分も気合が入った。道徳の色紙が嬉しかった！

第2位　2冠達成！　体育祭！！
応援の部、パネルの部の2冠達成！　みんなで協力した大縄で優勝！！応援団での練習の日々と優勝　競技の部で負けてしまった…。

第3位　初めての宿泊行事　○○○移動教室！
初日の雨、寒かったー！　5分前行動、先生に注意される前に頑張っていた！　生活班が面白かったこと。朝起きたら人のふとんの中に入っていた。お土産買うことがオッケーになって驚いた。○○の初日雨が降ったのに、2日降らなくて信玄餅工場に行けなかったこと。

第4位　いつもなくなっちゃう　おいしい給食
初日のカレーの辛さ！　インパクト強すぎ！　レモンライスもびっくり！印象的だった。ししゃもを食べるのが大変だったー。

第5位　いろいろあった　普段の授業
ある生徒が爆睡…そのよだれが川みたいになっていた（笑）誕生日をお互いに祝っていて嬉しいなと思った。

第5位　たくさん笑った！　何気ない日常生活
みんなで話したら楽しかった！　笑い泣きをした。班目標「笑いすぎないこと」だったこと　いつでも明るいうるさいクラスだった。自己紹介したときのみんなの反応がよかった。

第7位　どんくらいみんなの心に響いた？　先生のお話
よく怒られました。真剣な話をしているのに、ダジャレが入って笑いをこらえるのに必死でした。言葉には重みがある。先生には授業をしていただいていること。みんなは教えてもらう立場であること。先生が1年B組を見ていたこと。

その他　なぜかみんなこだわるオムライス、みんな頑張った部活動etc…

「1年間での思い出」
アンケート結果
1. ●●●●
2. ●●●●●
3. ●●●●

アンケート結果は学級通信にコラム的な感じで掲載すると、学級通信のネタになります

03 会の終了後に保護者から相談があることも…

　年度末の保護者会は、保護者が来年度のクラス編成のことや学習面、SNS等のことで個別に担任の先生へ相談してくることも考えられます。その場で答えられる内容は、時間をかけて丁寧に対応しましょう。しかし、その場で答えることが難しい場合は「お話は承りましたが、お約束はできかねます」や「学年や管理職などに相談して、ご返答します」と伝えましょう。

そうですか。お話は承知いたしました

来年のクラスのことで…

04 まとめ

　年度末に行う保護者会は、「生徒がこの1年間でどのように成長したのか」「2年生への課題は何なのか」などをざっくばらんに共有するとともに、各家庭での悩みなどを共有し、解決できればと思って、参加される保護者も多いはずです。ぜひ、いろいろな保護者からお話しいただき、「悩んでいたのは自分だけではなかったんだ」「こんなふうに子供と話せばいいんだ」など、保護者に"来てよかった！"と思ってもらえるように準備をしましょう。

　また、来られなかった保護者もいらっしゃるので、その日の内容を学級通信などで配信できるとさらによいです。

2年生につなげる通知表

▶ねらい

1年間の成長の確認と、次年度に向けて意欲的に頑張ることのできる通知表づくりとする。

▶指導のポイント

通知表は成績だけではなく、中学1年生としての学習状況とともに、生活に関わる様々な場面での成長の記録です。

それぞれの場面において、次年度へとつなげていくきっかけづくりや、認められているという自信をつけられるような通知表としていきます。

生徒たちは中学校に入学して初めてづくしの中、それぞれの活動に取り組んできました。4月からは中堅学年として、それぞれの場面でより励んで成長してほしいという担任の思いを、粘り強く頑張っていたことや、成長したことを道徳、総合的な学習の時間、所見などに入れていきます。

生徒自身が書いた振り返りを参考にすることもありますが、日頃から観察や生徒と会話をすることが大切です。

展開

01 評価も大切に

中学校の通知表は、成績が最も気になるところです。4月から自分の学習はどう頑張ったのかの指標として見ることもできます。一方で、評定とは別に評価項目に目を向け、2年生に向けて、何を伸ばしたり、より一層頑張るべきかと向き合ったりする大切さも1年生のうちに伝えたい話です。

B・B・B
3

○○を2年生では頑張ろう…

02 所見はポジティブに

1年間、担任として関わる中で、たくさん成長する姿を見ます。一方で、生徒によっては生活の中で指導することもあり、もっと改善してほしい、という思いも抱きます。指摘するべきところは指摘しつつも、次年度への成長につながるアドバイスという気持ちで、ポジティブな言葉選びをしながら書きたいものです。

飽きっぽい　　→　好奇心旺盛
意見を言わない　→　思慮深い
質問が多い　　→　しっかり確認する

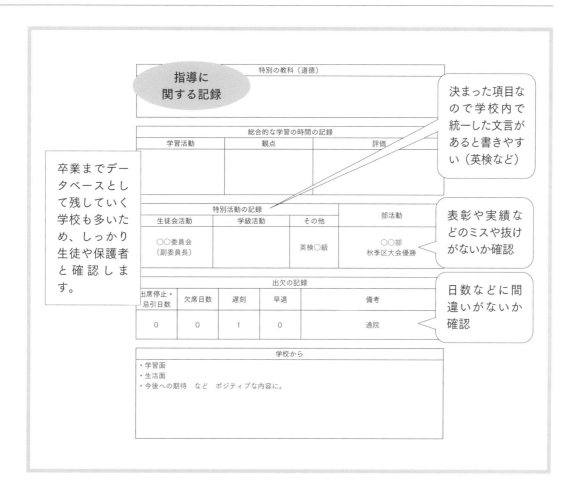

指導に関する記録

特別の教科（道徳）

卒業までデータベースとして残していく学校も多いため、しっかり生徒や保護者と確認します。

総合的な学習の時間の記録		
学習活動	観点	評価

決まった項目なので学校内で統一した文言があると書きやすい（英検など）

特別活動の記録			部活動
生徒会活動	学級活動	その他	
○○委員会（副委員長）		英検○級	○○部秋季区大会優勝

表彰や実績などのミスや抜けがないか確認

出席停止・忌引日数	欠席日数	遅刻	早退	備考
0	0	1	0	通院

出欠の記録

日数などに間違いがないか確認

学校から
・学習面 ・生活面 ・今後への期待　など　ポジティブな内容に。

03 手渡しに一言を

担任として直接生徒と関わるのは、実質最後です。生徒によっては1年間、いろいろと指導する場面もあったかもしれません。しかし、担任として、直接一人ひとりに手渡しながら、成長した場面や、感謝の気持ちなどを伝えましょう。頑張りを見てくれていた、次年度も頑張ろうという生徒の意欲を高めることにつながります。

合唱コンクールの伴奏、たくさん練習してくれて、ありがとう

04 保護者に成長を伝える

保護者も成績に関わる評定が気になるところだと思いますが、通知表を通して、1年間の勉強や生活、委員会や係活動、部活動など多岐にわたる活動の中で、変化や成長が分かる内容になっているとよりよいと考えます。

担任ならではの視点で、一人ひとりの成長を言葉にし、家庭とともに生徒が意欲的に頑張ろうと思える通知表を作成できるとよいでしょう。

卒業生への
メッセージ

▶ねらい

卒業生への感謝を伝えることを通して、後輩を迎える気持ちの準備や、ふさわしい先輩像をもたせる。

▶指導のポイント

行事や委員会活動、部活動など多くの場面でリードしてくれた卒業生。自分たちの言葉で「ありがとう」の感謝の気持ちを伝えられるよう指導しましょう。

また、卒業していく先輩の姿を通して、4月からどんな先輩になりたいかをイメージさせ、学校生活の中核を担う第2学年となる自覚をもたせましょう。

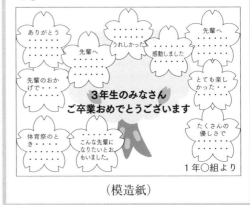

メッセージカード

ご卒業
おめでとうございます
運動会の時一緒に応援練習ができてうれしかったです。優しく頼れる先輩たちがとても格好よかったです。
先輩たちがつくってくれた良い伝統を私たちも引き継いでいきたいです。
　　　　　　1年○組　○○○○

ありがとうございました！
部活の最後の大会、負けてしまって悔しかったけれど、先輩たちと一緒に練習できたこと、先輩たちの懸命な姿、忘れません。
先輩たちの果たせなかった、優勝の夢を私たちが、実現してみせます。本当にありがとうございました。
　　　　　　1年○組　○○○○

メッセージカードを模造紙に貼り、完成させる

ありがとう　　うれしかった　　先輩へ
先輩へ　　感動しました
先輩のおかげで　　とても楽しかった
体育祭のとき　　こんな先輩になりたいとおもいました。　　たくさんの優しさで

**3年生のみなさん
ご卒業おめでとうございます**

1年○組より

（模造紙）

活動の展開

01 卒業生へたくさんの「ありがとう」を

学校生活のどのような場面で卒業生にお世話になったかを振り返り、クラスや班で話し合います。話し合いを進める中で、卒業生との素敵なエピソードがたくさん出てくることでしょう。そして、お互いに「こんなこともあったよね」とグループで共有できるとよいでしょう。メッセージカードの内容が重複しないよう、行事や部活動、委員会活動など、エピソードや場面を分担するようにします。具体的な思い出がたくさん詰まったメッセージカードができあがると素敵です。

02 「ありがとう」カードの作成と模造紙

3年生へのメッセージカードを配布し、記入を始めます。「ありがとう」「おめでとう」という気持ちが卒業生に伝わるよう、丁寧な字で書くことを伝えましょう。絵やイラストを描き込んでも素敵です。カードは、全体のできあがりをイメージして桜の花びらなど卒業や季節を感じるカードに書くと、完成度が一段と増します。

完成した個々のメッセージカードは、模造紙などに貼ってデザインを整えましょう。模造紙の全体の絵付けは、絵が得意な生徒にお願いするとよいでしょう。

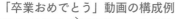

「卒業おめでとう」動画の構成例 ―――― ナレーションと音楽が流れる

ありがとう3年生

運動会や委員会活動では…

部活のときにも…

卒業おめでとうございます！

1・2年生でメッセージカードを作りました

・卒業生へのメッセージカードだけでなく、思い出の写真（運動会や文化祭、部活動など）を項目ごとに貼り付けて動画を作成しましょう。

・動画には、卒業ソングなどをバックミュージックとして流すと、なお雰囲気が出ます。

・また、代表生徒が卒業生との思い出や、ありがとうのメッセージを行事や部活などの項目ごとに吹き込むと、動画の完成度がぐっと増します。

・動画の最後には、クラスでメッセージカードを作成する様子と、完成した模造紙を前にクラスみんなで撮った写真を入れて、クラス全員が「ありがとう」と「おめでとう」と伝えている演出をするといいですね。

03 動画の作成とメッセージカードの贈呈

卒業生とのたくさんの思い出を振り返る動画を作成しましょう。行事や部活動、委員会活動などで卒業生が活躍する姿に加え、1・2年生と共に学校生活を送る写真があると素敵ですね。動画には、卒業ソングやありがとうのメッセージを吹き込むと、なお完成度が上がります。動画の最後には、1・2年生がメッセージカードを書いている姿、製作中の模造紙、そして完成した模造紙とクラスの集合写真を入れましょう。気持ちのこもったプレゼントであることが一層に伝わるはずです。

メッセージカードの贈呈は、卒業生の担任の先生と打ち合わせをしてサプライズで。驚きと喜びと共に、感謝の気持ちを伝える最高の演出をしましょう。

04 卒業生へのメッセージを学級通信に

みんなで作成したメッセージカードを基に、学級通信を発行します。卒業生へのメッセージやクラスでの作成の様子を載せましょう。学級通信の最後には、担任の先生からの温かなメッセージを。4月から後輩を迎え、先輩となるクラスの生徒たち。「たくさんのありがとうを心から伝えてもらえる素敵な先輩たちに、君たちにもなってほしい」。心からのメッセージは生徒たちの心に届くもの。そして、人間的な成長を大きく促す原動力にもなります。

メッセージカードに書いた具体的な「ありがとう」の場面が、学校の素敵な伝統として翌年度も引き継がれていくでしょう。

地域に貢献
する美化活動

▶ねらい

地域清掃を通して、地域社会とのつながりを深め、地域に貢献する態度や情操を育てる。

▶指導のポイント

自分の暮らす地域を大切にし、将来にわたって地域と関わり、その地域を良くしようとし続ける人物や気持ちを育てたいところです。

清掃活動を通して、普段は目に留めない道端のゴミに着目することや、すれ違う地域の方とのあいさつなどを通し、地域社会の一員としての意識をもたせることができます。

回収…2人

掃き掃除…2人

火ばさみ…2人

軍手…全員

班ごとに役割分担

あらかじめ清掃時の役割分担を決め、清掃用具の準備をしておくと、当日の清掃がスムーズです。また、樹木が多い公園などには落ち葉が、駅の周辺には空き缶やたばこの吸い殻などが、多く落ちていることが予想されます。清掃場所や季節によって、清掃用具を増やしたり、役割を変更したりすると、清掃活動がスムーズに行えます。

活動の展開

01 地域清掃の意図を一緒に考えよう

「通学路や学校周辺が、いつもきれいで安全に通うことができるのは、どうしてだろう」

地域清掃の目的は、単に清掃をして地域を綺麗にすることだけではありません。地域清掃を通して、生徒たちの目を地域に向けること、地域社会に貢献し、地域と関わり続けようとする人物を育てることにあります。そして、明確な目標があると、生徒は気持ちを込めて活動しやすいです。地域清掃を実施する前に、地域の清掃を行うことの意義を学級の生徒たちと話し合い、「地域清掃」の意図を生徒と一緒に考えましょう。実行委員を中心に、学級独自のスローガンを決めてもよいでしょう。

02 役割の分担と清掃場所の分担

清掃を効率よく行うために、清掃班内の「役割分担」と「清掃用具の準備」が必須です。清掃したい気持ちがあっても、道具が不十分では、清掃活動もはかどりません。5〜6人班では以下の役割分担が適切です。また、清掃場所によって適宜変える必要もあるでしょう。

① ゴミ回収係（ちりとり、ゴミ袋・3枚（分別用））1、2人

② 掃き掃除係（ほうき・2本）2人

③ 拾いごみ係（火ばさみ・2本）2人

＊その他：軍手（班員全員分）、腕時計（班で1つ。終了時刻の管理など）

当日は、清掃活動を行っている様子を、写真などで記録できるとよいですね。
地域の方と出会ったら、班員みんなで気持ちのよい挨拶を。

03 地域清掃当日（事故・ケガなく）

　地域清掃当日。事故や怪我なく、楽しく安全に活動をするために以下のことに注意しましょう。

・清掃に夢中で、自動車や自転車に注意がいかなかったり、つい道路に広がってしまうこともあるかもしれません。学級全体に注意を呼びかけ、見通しの悪い交差点などの危険な場所については、教員が付いたり、先回りして安全確認をとる必要があります。

・大型のゴミ（持っていけないもの）や危険が伴うもの（スプレー缶や割れたガラスなど）は、無理に拾わないように、あらかじめ知らせておきましょう。

・事前に終わりの時間と集合場所の確認を行います。緊急時には、「すぐに知らせる」「近くの大人に助けを求める」の確認を必ずしておきましょう。

04 「大掃除の様子」を振り返る

　地域清掃をした感想を生徒に書いてもらい、当日の写真とともに学級通信で伝えるとよいでしょう。事前に話し合った地域清掃の意図や、清掃を終えた生徒の生の声、地域の方と関わった経験、担任からのメッセージなどを載せましょう。クラスや家庭で共有され、活動の成果がぐっと深まるはずです。

生徒が企画・運営する球技大会

▶ねらい

学校生活で培った企画・運営力で、1年間を締めくくる思い出づくりの学年行事を行う。

▶指導のポイント

中学校での1年目ももうすぐ終わり。これまでの学校生活で様々な場面を経験したことで、生徒たちは様々な能力が高まっているでしょう。

その成果を発揮する場を与えることで生徒の自立を促し、来年度への飛躍に向けた機会とします。

注意	応援だけではNG… 全員の様子を気にかけて！

先生たちは生徒たちと一緒に応援しつつ、全体を見渡して、出番でないときに一人でいる生徒や会場を抜け出して勝手なことをしている生徒がいないか、しっかり観察していましょう。ケンカやいじめなどのトラブルは、先生が見ていないところで起きやすいものです。

活動の展開

01 目的の確認と種目決め

学級対抗で行う球技大会の目的は、「自分たちの力を合わせて、全員が満足できる行事を成功させること」であると伝えます。

実行委員を決めて、どのような種目とするのか、アンケートを実施させましょう。男女合同の競技を設定しても構いませんが、成長による体格差も大きくなってくるので、ケガに配慮した種目にさせる必要があります。

02 役割の分担を決めさせる

各競技で使う道具の準備、対戦表や賞状の作成、当日の司会、準備体操、競技の審判、計時など、前日までに行う準備と当日に必要な仕事を確認し、担当者を決めさせます。

各学級の実行委員数名だけで、球技大会のすべての係を担当するのは困難です。体育係や学級委員、部活動に所属している生徒など、いろいろな生徒と協力するように促します。

● 競技のルールについて
・実際と同じルールにする
・少し変更する
（ケガ防止のため）

● 競技の審判について
・実行委員
・体育係・希望者
・部活動の人にお願いする

競技のルールはどうしたらいいかな？

全員が楽しめるように、一回に参加する人数や時間を調整しようよ

ケガをする人が出ないように、実際のルールから少し変えた方がよさそうだね

サッカーでは、サッカー部の人に審判をお願いするといいんじゃない？

それでも人が足りなさそうだね…体育係とか、他の人たちにもお願いしてみようか？

03 作戦会議でチームワークの向上を

実行委員を中心に、各競技に出場する選手の割り振りや勝利に向けた作戦を検討させます。学級のチームワークを向上させるために、実行委員にはあらかじめクラスの仲間全員が参加できるように配慮するよう指示しておきます。

ここで大切なのは、先生は極力前に出ないことです。生徒たちが力を集めて行事をつくり上げられるように、サポート役に徹しましょう。

04 表彰式と球技大会の講評

表彰式では、生徒たちの力で行事を成功させたことを褒めるとともに、運営に尽力した実行委員や係の生徒たちを前に出させて、他の生徒たちからねぎらいの拍手を送らせましょう。

放課後には実行委員を集めて、行事の振り返りをさせます。特に、うまくいかなかった点を挙げさせて来年度への課題を明確にすると、生徒たちにとっての改善すべき目標となります。

入れ換えのとき、時間がかかったことがあったね

ルールや分担ももう少し検討してもよかったね

2年後の自分を
見据えた卒業式

▶ねらい

卒業生の門出を祝福させるとともに、生徒自身の卒業時の姿を想像させる。

▶指導のポイント

卒業式を通じて、卒業生に対する感謝の意を表現させます。主役は3年生ですが、その姿を見て2年後の自分を想起させ、今後どのように学校生活を送り、どのように卒業していくか、送り出す側にとっても大切な儀式です。

目標や見通しをもつための機会とさせるように意識して指導しましょう。

注意	卒業式は2時間程度の長丁場。体調不良者に要注意！

卒業式は時間的に長く、式の最中に体調を崩す生徒が出ることもあります。先生は生徒の様子を随時確認しましょう。また、式の途中でも、異変が生じた場合はすぐに周囲の先生に知らせるように、あらかじめ生徒に指導しておきましょう。

活動の展開

01 卒業式の意義を説明する

主役はもちろん卒業生です。しかし、卒業式は卒業生の門出を祝うだけでなく、在校生が「心配せず、後のことは私たちに任せてください！」と決意を表す重要な機会でもあります。

卒業式の意義を理解せずに練習や本番に臨んでしまうと、在校生にとっては「単に長時間拘束されて、起立・礼・着席を繰り返したり、強制的に歌わされたりする行事」と受け止めてしまう可能性があります。

学校だから行う当たり前の儀式として安易に進めるのではなく、その意義やどのように取り組むべきかをしっかり説明し、理解させましょう。

02 礼法指導・歌唱練習で心構えを養う

送辞を述べる代表生徒を除き、ほとんどの在校生は声を出さず、感謝や祝福の気持ちを礼と歌で表現します。

起立・礼・着席のタイミングがずれたり、礼が浅かったりすると、見栄えが悪くなります。後ろから聞こえる歌声が小さければ、卒業生はがっかりするでしょう。卒業生に気持ちを伝えることが大切であると意識付けて練習に臨ませましょう。

03 「気持ちが大切」と再確認する

本番は在校生も緊張するものです。練習ではできていても、起立や礼がずれてしまうこともあります。開式前の学活で、担任の先生は「多少は間違っても大丈夫。大切なのは卒業生に対する気持ちである」ということを伝えましょう。また、卒業生を2年後の自分として捉えて、自身が卒業する姿をイメージさせると、生徒はより集中して卒業式に臨めるようになります。

04 気持ちを短い文章にまとめさせる

翌日以降の学活などの時間で、卒業式の感想を記述させましょう。作文用紙だと長すぎるので、A5サイズ程度の用紙が適当です。生徒たちからは「先輩の姿が格好よかった」「自分も感動して卒業式を終えたい」といった前向きな言葉が出てくるでしょう。先生からは、残りの2年間を目標や見通しをもって生活し、充実した中学校生活を送るようにと助言しましょう。

編著者・執筆者紹介

【編集代表】

山口 晃弘（やまぐち　あきひろ）

元東京都公立中学校校長。中央教育審議会専門委員。文部科学省・学習指導要領等改善検討協力者。全国中学校理科教育研究会・顧問。主な著書に『中学校理科授業を変える課題提示と発問の工夫50』（明治図書、2015）など多数。

【編　者】

中島 誠一（なかじま　せいいち）　杉並区立富士見丘中学校
上田 尊（うえだ　たける）　練馬区立開進第四中学校
吉田 勝彦（よしだ　かつひこ）　豊島区立駒込中学校

【執筆者】（執筆順）

山口 晃弘
p.1/8-13

青木 久美子（あおき　くみこ）　世田谷区立千歳中学校
p.16-17/30-31/40-41/52-53

磯部　巧（いそべ　たくみ）　世田谷区立奥沢中学校
p.18-19/22-23/60-61

小林 将也（こばやし　まさや）　練馬区立開進第四中学校
p.20-21/82-83

中島 誠一（なかじま　せいいち）　杉並区立富士見丘中学校
p.24-27

小林 陽介（こばやし　ようすけ）　渋谷区立原宿外苑中学校
p.28-29/36-37/76-77/140-141

内藤 理恵（ないとう　りえ）　世田谷区立駒沢中学校
p.32-33/132-133

栗田 将平（くりた　しょうへい）　世田谷区立瀬田中学校
p.34-35/134-135

小澤　駿介（おざわ　しゅんすけ）世田谷区立千歳中学校
p.38-39/130-131

吉田 勝彦（よしだ　かつひこ）　　豊島区立駒込中学校
p.42-45/148-151

川島 紀子（かわしま　のりこ）　　文京区立第六中学校
p.46-47/114-115/126-127/138-139

上田 尊（うえだ　たける）　　　　練馬区立開進第四中学校
p.48-49/62-63/66-67/74-75/84-89/104-107/110-111/120-121

原 聡（はら　さとし）　　　　　　品川区立日野学園
p.50-51/80-81/118-119

丸髙 将貴（まるたか　まさき）　　練馬区立開進第四中学校
p.54-55/92-95/98-101

渡邉　純（わたなべ　じゅん）　　　江戸川区立篠崎中学校
p.56-59/122-125

岩下　巧（いわした　たくみ）　　　鷹南学園三鷹市立第五中学校
p.64-65/78-79/90-91/102-103

竹内 宇宣（たけうち　たかのり）　中野区立緑野中学校
p.68-69/96-97/116-117

笹原 文香（ささはら　あやか）　　目黒区立目黒中央中学校
p.70-73/108-109/136-137/142-143

高瀬 伸悟（たかせ　しんご）　　　中野区立中野東中学校
p.132-133/144-147

カスタマーレビュー募集

本書をお読みになった感想を下記サイトに
お寄せ下さい。レビューいただいた方には
特典がございます。

https://www.toyokan.co.jp/products/va5129

イラストで見る
全活動・全行事の学級経営のすべて
中学校１年

2023年（令和5年）3月20日　初版第1刷発行

編著者：山口　晃弘
発行者：錦織　圭之介
発行所：株式会社東洋館出版社
　　　　〒101-0054　東京都千代田区神田錦町2丁目9番1号
　　　　　　　　　　コンフォール安田ビル2階
　　　　代　表　電話03-6778-4343　FAX03-5281-8091
　　　　営業部　電話03-6778-7278　FAX03-5281-8092
　　　　振　替　00180-7-96823
　　　　URL　https://www.toyokan.co.jp

装丁デザイン：小口翔平＋須貝美咲（tobufune）
本文デザイン・組版：株式会社明昌堂
イラスト：すずき匠（株式会社オセロ）
印刷・製本：株式会社シナノ

ISBN978-4-491-05129-1　　　　　　　　　　Printed in Japan